その商品は人を幸せにするか

ソーシャルプロダクツのすべて

Social Products

(一社)ソーシャルプロダクツ普及推進協会
専務理事
中間 大維 著

(一社)ソーシャルプロダクツ普及推進協会 会長
学習院女子大学 名誉教授
江口 泰広 監修

FIRST
ファーストプレス

はじめに——21世紀の未開拓市場、それがソーシャルプロダクツだ

2015年7〜8月、山口県のきらら浜で、4年に一度開かれるボーイスカウトの世界大会「世界ボーイスカウトジャンボリー」が開催されました。この「世界ボーイスカウトジャンボリー」は、実行委員会に首相経験者や大手企業のトップなど、社会的影響力の大きい著名人が多数参加し、世界162の国と地域から約3万人の若者と関係者を受け入れた一大イベントです。

その世界的にも話題になったイベントにおいて、とあるアイテムが大きな注目を集めました。それは、ボーイスカウトにおいて最も重要かつ象徴的な「ネッカチーフ」です。このネッカチーフに、はじめてフェアトレード認証を取得したものが採用され、参加者に配られたのです。

発展途上国の生産者に代金の支払いや労働環境の面などで配慮した取り引きであるフェアトレードは、大量の商品を廉価につくることを得意にする大手企業からは遠い存在です。ましてや、そうした企業のトップが多数集まる場の公式グッズに採用されるなどということは、これまでは起こりえなかったことです。

ボーイスカウトのネッカチーフがフェアトレード認証の素材でつくられたように、近年、環境や人、社会に対する配慮がなされた商品・サービス（＝ソーシャルプロダクツ）が急速に増加しています。

その理由は2つ考えられます。ひとつは、より良い社会づくりに共感し、そうした取り組みへの参加を求める生活者が増えていること。そしてもうひとつは、企業が他社との違いを出すべく、商品・サービスを通じた社会的取り組みに注目していることです。

アメリカの調査会社であるギャラップ社が150カ国以上の国と地域を対象に継続的に行っているグローバル調査（Gallup World Poll）によると、人の幸福（幸せ）を生み出す構成要素には、国や文化の枠を超えて共通する5つのものがあります。それは、「仕事の幸福」「人間関係の幸福」「経済的な幸福」「身体的な幸福」「地域社会の幸福」です。

たとえば、人と良いつながりを持っていることが幸福につながり、良好な地域社会の存在が幸福につながる。そして、「他人のため」にお金を使うことも、自身の「経済的な幸福」の度合いを高めることにつながります。

また、内閣府が毎年行っている調査（「社会意識に関する世論調査」）でも、「社会のために役に立ちたい」と思っている人の割合は昭和60年頃から上がりはじめ、現在では7割近くになっています。それゆえに、人々のそうした意識に応える商品・サービスが増えてきたのです。

もうひとつの理由である企業が注目する背景には、近年、商品・サービスの機能や品質の同質化が進み、価格競争が盛んに行われてきたということがあります。もちろん、価格は生活者にとって重要ではあるのですが、現在、生活者の意識は変化してきています。

たとえ商品・サービスが安かったとしても、単に何かを消費したり、保有するための買い物に、生活者は価値を見出しにくくなってきているのです。こうした生活者の変化に気づいた企業を中心に今、新たな動きが見られます。それが、より良い社会づくりへの参加・貢献を伴う商品・サービス開発です。

人間は本能的に「幸せ」を追求する存在である、このことを考えた場合、「これまであまり考えられてこなかった、あるいは満たされてこなかった幸せ」を商品・サービスや事業の中で提供していくことに、これからの商品・サービス、事業を考えるうえでのヒントがあるのではないでしょうか。

そこで今回は、さまざまなステークホルダーを幸せにしうるソーシャルプロダクツの可能性を多くの人に知ってもらうと同時に、ソーシャルプロダクツに対する理解を多面的に深めてもらうことで、より良いソーシャルプロダクツの開発やマーケティングを実践し、事業成長を実現してもらうために、本書を執筆しました。

本書の構成は次の通りです。

第1章は、ソーシャルプロダクツがどのようなものなのかのイメージを、事例も交えながらつかんでもらうためのイントロダクション的なものです。

続く第2章では、商品・サービスにおける社会的な取り組みが求められる背景を、TPPやオリンピック、女性の社会進出など、7つの大きな社会変化・キーワードから説明します。また、ソーシャルプロダクツのマーケットとしてのポテンシャルにも触れます。

第3章では、先行してソーシャルプロダクツ開発に取り組み、成功している14の企業や団体にインタビューをし、各企業・団体のソーシャルプロダクツに対する考え方や実際の取り組み、生活者とのコミュニケーションなどについてまとめました。ケーススタディにもなるこれら事例は、どのような立場の読者にも何らかの学びが得られるよう、大手、中小、グローバル、地方、ならびにベンチャーの各企業、そしてNGOと、幅広い企業・団体を取り上げています。

第4章は、もっとソーシャルプロダクツについて知りたくなった方、あるいはすでにソーシャルプロダクツを開発し、課題に直面している方などを対象にした章です。ソーシャルプロダクツの特徴や実際に開発する際のポイント、ソーシャルプロダクツならではのマーケティングや課題などについて詳しく説明しました。

最後の第5章は、監修という立場から、一般社団法人ソーシャルプロダクツ普及推進協会（A

PSP）の江口会長がソーシャルプロダクツの可能性についてまとめています。

このような構成ですので、ソーシャルプロダクツのことを知らない方はもちろん、マーケティングや商品開発、事業開発に携わったことのない方でも、順を追って読み進めることで、ソーシャルプロダクツのすべてを無理なく理解できるようになっています。なお、すでにある程度の知識のある人は、第3章の事例や第4章から読みはじめることも可能です。

本書では、たびたび「ソーシャル」であったり、「社会的○○」という言葉が出てきます。前者は、〝より良い社会につながる〟という「概念や考え方」を表す際に使い、後者は「取り組みや商品」など、具体的な対象がある場合に使うというように、使い分けをしています。

また、「消費者」という言葉の代わりに、「生活者」という言葉を用いています（第3章を除く）。これは、人々が物理的に〝消費〟をするだけの存在ではなく、かつ買い物などに求めることが、単なる所有や生理的欲求の充足から、自分自身の生活やライフスタイル、価値観の体現に変わってきていると考えているからです。「生活者」という言葉に慣れない方は、「消費者」と言い換えて読み進めてもらっても結構です。

今回の執筆にあたっては、多くの方にご協力いただきました。特に、第3章のインタビューで貴重な話を聞かせていただいた企業・団体の関係者の皆さまには、ここで改めてお礼を申し上げます。優れたソーシャルプロダクツを展開している各社・団体の協力がなければ、ソーシャルプロダクツの本質をわかりやすく伝えるという本書の目的は十分に達成されなかったでしょう。

また、より良い書籍にするために監修をしていただいたAPSPの江口泰広会長（学習院女子大学名誉教授）、貴重なアドバイスをいただいた神原理理事（専修大学商学部教授）、合力知工理事（福岡大学商学部教授）をはじめとするAPSPの理事の方々にも感謝いたします。

最後になりますが、「その商品は人を幸せにするか」という問いと本書が、皆さまの新しい商品開発や事業開発、日々の買い物において、何らかの役に立つことを願っています。

2015年冬

一般社団法人ソーシャルプロダクツ普及推進協会 専務理事
中間大維

その商品は人を幸せにするか◉目次

第1章 これからの商品・サービスは何が違うのか
——見えないところで動きだしている商品・サービスの新しい価値づくり

第2章 なぜ、「ソーシャル」が求められるのか

第3章

ケーススタディ

ソーシャルプロダクツを展開する14企業・団体へのインタビュー

第4章 巨大な潜在市場を拓く「ソーシャルプロダクツ」とは

ソーシャルプロダクツ開発・展開のポイント 221

第5章 ソーシャルプロダクツの可能性

第1章

これからの商品・サービスは何が違うのか

見えないところで動きだしている商品・サービスの新しい価値づくり

今、注目の企業に共通すること

スターバックス、森永製菓、H&M、積水ハウス、これらの企業に共通するのは何でしょうか？　こう聞かれて、あなたはすぐに共通点がわかるでしょうか？　どれも著名な大企業ばかりで、いずれも業績は好調。確かにその通りですが、それだけではありません。実は、これらの企業に共通するのは、社会的取り組みに熱心であるということです。

ここで社会的取り組みといってすぐに思い浮かぶのは、おそらく寄付やボランティア、地域の奉仕活動などが多いと思います。しかし、これらの企業が行っている社会的取り組みは、それだけではありません。そうした本業と無関係の取り組みだけではなく、私たちが普段、手にする商品・サービスの中に、さまざまな形で社会的な取り組み（より良い社会づくりにつながる取り組み）が組み込まれているのです。たとえば、社会的課題に取り組む団体への寄付のように身近なものから、環境配慮やフェアトレードのような生産者配慮まで、それこそ千差万別です。

本章では、そうした企業の取り組み（商品・サービス）を簡単に紹介しながら、本書のメインテーマである「ソーシャルプロダクツ」がどのようなものなのか、その大枠をつかんでいただきたいと思います。

美味しいコーヒーを飲み続けてもらうために

皆さん、スターバックスはご存じですよね。改めて説明するまでもなく、スターバックスはコーヒー好きなら誰でも一度は飲んだことがある、世界的なコーヒーチェーンです。その独特のコーヒーの風味はもちろんのこと、多くのファンが接客や空間（店舗の雰囲気）に魅了されています。そんなスターバックスですから、毎日利用している、すべてのメニューを知っている、あるいは試したことがあるというファンも少なからずいるでしょう。ただ、そのような熱心なファンでも、もしかしたら、スターバックスのコーヒー豆がどのような基準で調達されているのかまでは知らないかもしれません。

大手企業の大量調達といえば、一般的には市場や商社を通じて、とにかく安く買い付けるというイメージがあります。しかし、ことスターバックスに関しては、それは必ずしも当てはまりません。スターバックスは、より良い社会や環境を実現するために、独自の基準を設定して、コーヒー豆を調達しています。その基準とは、簡単にいえば、労働者の就労環境や自然環境に配慮して生産された豆を、通常の国際市場価格よりも高めに設定した価格で、中長期的に、発展途上国を中心とする生産国・生産者から買い付けるというものです。

このように、発展途上国の1次産品や製品を買い叩くことなく、適正な価格で、継続的に購入することで、立場の弱い生産者や労働者の自立と地域の環境改善を目指す貿易の仕組みを「フェアトレード（公正な取り引き）」といいます。スターバックスでは、自社の基準に基づく製品はもちろん、フェアトレードに関する国際的な認証を取得したコーヒーも取り扱うなど、商品を通じた生産者や環境への配慮に積極的に取り組んでいます。

ちなみにスターバックスは、国際フェアトレード認証コーヒーの世界最大の購買者ですが、世界のコーヒー生産量に占めるフェアトレード認証コーヒーの割合はわずか4・5％にすぎません（スターバックス公式ホームページより）。もちろん、認証には審査や更新の費用もそれなりにかかりますので、公正な取り引きをしていても認証を取得せずに、かかる費用分を直接生産者に還元している企業・団体もあります。したがって、認証を取得していない残りのすべてのコーヒーが不公正な取り引きのもとで流通しているというわけではありませんが、とてもたくさんのコーヒー（生産者）が市場で買い叩かれたり、相場の乱高下に翻弄されたりしているのは事実です。

誰かが苦しんだり、大変な思いをしたりして届いたコーヒーって、あまり美味しくないと思いませんか？　スターバックスの取り組みは、発展途上国の生産地・生産者に自立と安定をもたらすことで、美味しいコーヒー豆を継続的に調達し、それを皆さんに気持ちよく飲み続けてもらいたいという企業としての想いの表れなのです。

海外だけのものではない「フェアトレード」

スターバックスと同じようにフェアトレードの取り組みを行っている企業のひとつに、森永製菓があります。森永製菓は2014年に、日本のナショナルブランドのメーカーとしてはじめて、国際フェアトレード認証を取得したチョコレートを発売しました。

同社は、2008年に創業110周年記念の活動として「チョコっといいこと 1チョコ for 1スマイル」という支援活動を開始し、現在も続けています。これは、毎年設定されるキャンペーンの期間中に対象商品のチョコレートを買うと、1個につき1円をカカオの生産国の子どもたちの支援に使うという取り組みです。

当初、この取り組みは、売り上げの一部を非政府組織（NGO）に寄付して、現地を支援するだけのものでした。それが、取り組みを続ける中で進化し、2年前には支援国で調達したカカオを森永のチョコレートにブレンドするという循環の仕組みになりました。それがさらに進化して、昨年ついに商品全体としてフェアトレード認証を取得するまでに至ったのです。

森永のような食品のナショナルブランドがフェアトレード認証商品を販売するのは、原材料の安定調達の問題もあり、かなり難しいことです。ナショナルブランドの商品は、基本的にいつどこで誰が買っても、同じ風味でなければなりません。これは、原材料となる農作物に関して、生産者が一定の品質で安定した収量を生産し、供給する必要があるということを意味します。しかし、フェアトレードの調達先の生産者の多くは、そうしたノウハウも、必要な資材も、機材もありません。そのため、彼らのつくる農作物は品質や収量が安定しないということがよくあります。

しかも、フェアトレード認証を取得するには、手間も、時間もかかります。そのため、認証取得している取引先の生産地が、天候の影響で「今年のカカオはいつもより渋みが強い」となっても、同じ味の認証取得済みのカカオの代替生産地をすぐに探すのは困難です。そして、代替地が見つからなければ、味を一定に保つことができなくなり、商品を出すこともできなくなります。

森永製菓はそうした困難を乗り超えて、実際にフェアトレード認証を取得したチョコレートを発売しました。

本書で紹介する他の商品もそうですが、思いつきで、あるいは他社がやりはじめたから、急に社会的なことに取り組むのではなく、問題意識をもって継続的に取り組んできた結果が成果につながっているのです。

いずれにせよ、大事なことは、取り引きが生産者の生活改善や自立に実際につながり、かつそうした取り引きや支援に関する情報が十分に開示され、商品・サービスの購買や利用を通じて、生活者（＝消費者）もより良い社会づくりに参加できるということです。

アパレルの世界で起こっていること

世界でも有数の規模を誇り、日本でも若者を中心に支持されているファッションブランドのひとつにH&Mがあります。H&Mの服を持っていなくても、ファストファッションのブランドとして知っている人は多いのではないでしょうか。

そこで、スターバックスのときと同じように聞いてみます。皆さんは、H&Mが商品を通じたどのような社会的取り組みをしているか知っていますか？

H&Mはグローバルなアパレルブランドだけあって、洋服をつくる際に大量のコットンを使います。そのコットンは自然の植物なので、環境にも人にも優しい素材だと思っている人が多いかもしれませんが、実は必ずしもそうとはいえません。

コットンはとても繊細な植物で、その栽培にあたっては一般的に大量の農薬や殺虫剤を必要とします。Cotton Production Trends（M. Rafiq Chaudhry）によれば、2008年時点において、世界の耕作地の2~3%ほどでしか栽培されていないコットンに、世界で使われる殺虫剤の約15%が使われています。殺虫剤、落葉剤、除草剤などの農薬全体でも6・8%を占めています（https://www.icac.org/tis/regional_networks/documents/africa_10/business_meeting/1_rafiq.pdf）。

このようなコットンの栽培に伴って起こる環境への負荷、そして生産者への負荷を軽減・緩和するものとして、化学的な薬剤や肥料を使わずに綿花を栽培しようという動きがあります。

その中でも特に、3年以上、化学的な農薬や肥料を使っていない農地で育てられた綿花のことを「オーガニックコットン」と呼び、同3年未満のものを「プレオーガニックコットン」と呼びます。また、オーガニックコットンと同様、環境へのやさしさを考えたコットンに、一度生地や糸などとして利用されたコットンを再利用する「リサイクルコットン」と呼ばれるものもあります。

これらのコットンはすべて、通常のコットンよりも環境や生産者への負荷が低く、それを選択することはより良い環境づくり、社会づくりにつながっています。

H&Mは、そのオーガニックコットンを大量に買い付け、商品に利用している企業のひとつです。しかも、H&Mでは2020年までに、使用するすべてのコットンをより環境に配慮した持続可能な供給源から調達したコットンにするという目標を掲げています。

実は、オーガニックコットンは、通常のコットンに比べて栽培や収穫に手間がかかるため、価格も高めです。これは製品のコスト高に直結しますが、それでもH&Mは、持続可能なコットンに切り替えていくとしています。

「ファストファッション」というと、どうしても環境への配慮などとは無縁だと思われがちですが、H&Mは自分たちのビジネスを持続可能なものにするために、こうした取り組みを積極的に行っているのです。

同様に、オーガニック商品を幅広く展開するブランドに無印良品があります。無印良品では、Tシャツやタオルだけでなく、ハーブティーやコスメなどさまざまなオーガニック商品を販売していますし、先ほど紹介したフェアトレード商品も取り扱っています。

ちなみに、サステナブルな（持続可能性のある）生地の普及にグローバルで取り組む非営利組織Textile Exchangeが２０１５年6月に発表した最新の調査（２０１４年）によると、オーガニックコットンを最も使っている上位10社（ナイキやカルフール、ＺＡＲＡなどを展開するインディテックスを含む）の使用量総計は、前年比で25％増加しました。

そして、その10社は、42％の商品でオーガニックコットンであることを知らせる特別なラベルをつけ、81％の販売でサステナビリティに関連する表現を使って生活者に伝えています。また、オーガニックコットン商品の業績パフォーマンスも、平均で56％上昇しています。

いろいろな意味で生活者が心地良く着られるものを提供することで、その企業の業績も良くなるというのは両者の理想的な関係ではないでしょうか。

見えない部分へのこだわり

冬になると毎年大活躍するダウンジャケット。とても暖かく、寒い冬を乗り切るための必需品ですが、ファッションアイテムですから、型落ちしたり、外側が汚れてしまったりして捨てざるをえないものがたくさんあります。また、捨てるまではいかないものの、買って数年が経ち、今はタンスの奥で眠っている、ということもあるでしょう。

ところでこのダウンジャケットの中のダウン、どのようにして調達されているのでしょうか？ダウンは水鳥の羽毛なので、何かしらの形で、羽毛を採取していることは間違いありません。

採取方法は、①鳥から自然に抜け落ちたものを集める（現実的にはこの可能性はかなり低い）、②殺された食用の鳥から取る、③羽毛採取を効率的に行うために、生きたまま鳥から羽を毟り取る、あるいは④フォアグラ目的で強制的に給餌されている鳥から取る、などが考えられますが、実際には詳細がわからないことがほとんどです。

いずれにしても、③や④の場合（現実的にこの割合は高いとされている）、過剰に動物が虐げられ、その結果として調達されていることになります。

そのような形で新しいダウンがつくられる一方で、型落ちや汚れたダウンジャケットは捨てられています。しかし、捨てられるダウンジャケットには、まだ十分にきれいで、洗浄して再利用できるダウンが詰まっています。これまでは、このようなことはほとんど認識されておらず、他の服同様、ダウンジャケットも着られなくなったから捨てるという流れが一般的でした。

そんな流れに対して新たなチャレンジを試みたのが三陽商会などのアパレル企業です。三陽商会は、ポールスチュアートやマッキントッシュなど有名ブランドのアパレル製品を手掛ける総合ファッション企業です。そんな大手アパレル企業が、２０１４年11月からダウン製品の回収を開始し、代表的なブランド「サンヨー」をはじめとする婦人服の４ブランドで、再生羽毛「グリーンダウン」を使った商品の販売を始めました。

コーヒーではありませんが、どういう背景を持った原材料が使われているかで、心地良さも変わってくる気がしませんか。そう、商品・サービスには見えない部分にも、実は価値があるのです。

もうひとつ、見えない部分での取り組みを紹介します。住宅業界では、太陽光発電をはじめとするエネルギー面での環境負荷の低減や、CO_2を排出しない家づくりを各社が進めていますが、ここで注目したいのは住宅で使われる木材そのものです。

ここまで読むとなんとなく予想できるかもしれませんが、住宅用の木材にも環境や社会に配慮したものがあります。それが「フェアウッド」です。住宅や家具に使われる木材は、その多くが欧米や東南アジアなどから輸入されています。しかし、そうした木材輸出国、特に東南アジアでは木材の伐採によって貴重な熱帯雨林が失われることが少なくありません。熱帯雨林が失われれば、そこに住む動植物が住処を失うことになり、結果的に豊かな生態系が崩れてしまう可能性があります。

フェアウッドは、持続可能な木材利用を可能とするため、「違法伐採ではない」「貴重な生態系を破壊していない」などの条件を満たし、伐採地の周辺に住む人にも配慮した、社会的にも公正に調達された木材です。住宅業界最大手の積水ハウスではNGOなどと連携しながら、こうしたフェアウッドの利用に力を入れています。

さらに、同社では、家を建てる際に、建てた家の庭に5本の樹を植える「5本の樹」計画も推進しています。3本は鳥のため、2本は蝶のためという考えのもと、1軒の家の庭に日本の在来樹を5本植えていくという取り組みです。「5本の樹」として、その土地の気候風土に合った樹木を植え、近くの里山と結ばれる庭づくりをすることで、貴重な生態系の維持や回復に寄与し、鳥や蝶のいる、豊かな自然を取り戻すことにつながっています。

三陽商会にしても、積水ハウスにしても、先に挙げた社会的取り組みをホームページなどで発信し、生活者の理解や支持を得ようとしています。ICT（情報通信技術）の進化で、人々はこれまで得られなかったさまざまな情報を容易に得られるようになってきました。それによって、背景やストーリーまで理解したうえで商品・サービスを選びたいという生活者も確実に増えています。

企業は、このような機会と変化を活かした動きを進めだしているのです。

100万人の未来が変わる

商品・サービスの社会的取り組みは、何も原材料に限ったことだけではありません。

先ほども少し森永製菓の部分で触れましたが、該当する商品・サービスを購入すると、その代金の一部が寄付として何らかの支援につながるというものもあります。こういった形の寄付は、かなり多くの商品・サービスで実施されています。気づいているかどうかは別にして、おそらく皆さんも一度や二度はそうした商品・サービスを手にされていることでしょう。

その寄付つき商品・サービスの代表的なものとして、「nepia千のトイレプロジェクト」を展開するネピア製品があります。これはキャンペーン期間中にティッシュペーパーやトイレットペーパーなどの対象商品を購入すると、代金の一部が支援国である東ティモールの衛生環境を改善するための事業に使われるというものです。

ネピアがこのプロジェクトをユニセフと共に開始した２００８年時点では、不衛生な環境のもとで生活することで下痢になり、脱水症状などで死亡する子どもたちが、世界で約１５０万人もいました。それが、ネピアを含むさまざまな企業や団体が発展途上国の衛生環境の改善に取り組んでいった結果、脱水症状などで亡くなる子どもたちは、２０１２年には世界全体で52万人にまで減少しています。寄付つき商品・サービスは、支援先の国や地域の子どもたちに新たな未来をもたらし、購入者には単なる商品以上の価値やストーリーを届けているのです。

また、寄付つき商品・サービスとしては、アルマーニやＧＡＰ、コカ・コーラ、アップルなどが参加する「（ＰＲＯＤＵＣＴ）ＲＥＤ（プロダクトレッド）」も有名です。プロダクトレッドは、１社だけで展開する企業プロジェクトではなく、さまざまな企業が参加する横断型プロジェクトです。

世界的なロックバンドＵ２のボノが発起人のこのプロジェクトには海外の多くのセレブが支持を表明し、活動が広がっています。プロダクトレッドに参加している商品はその名の通り赤いのですが、それらの商品の売り上げの一部が、アフリカのエイズやマラリアなどの対策プログラムを推進する「世界エイズ・結核・マラリア対策基金」に寄付されています。

このプロダクトレッドによって、アップル単独でもこれまでに５０００万ドル（約60億円）の資金を生み出しました。プロジェクト全体では、その規模は2億５０００万ドル以上にもなっています。

参加企業の赤い商品を意識的に購入する人もいれば、知らず知らずのうちに購入している人もいるわけですが、この金額を見ると、いかに生活者が社会を変える力を持っているかがわかります。

この章ではフェアトレードに始まり、オーガニックや環境配慮、寄付つきなどの商品・サービスの事例を見てきましたが、ソーシャルプロダクツについて、またその可能性について何となくイメージできたでしょうか。

ソーシャルプロダクツは、この他にも、被災地や障がい者の支援につながるもの、衰退する地域の活性化につながるもの、伝統に根ざしたもの、あるいはそれらの要素が組み合わさった複合型のものなど、さまざまなタイプがあります。

この段階ではまだうっすらとイメージを持つだけで結構です。次章以降でさらに詳しく説明します。

第2章

なぜ、「ソーシャル」が求められるのか

7つの変化とソーシャルプロダクツの深い関係

近年、将来のビジネス環境を大きく変えるような変化がいくつも起こっています。そして企業はそうした変化に対応すべく、新事業を立ち上げたり、事業戦略を見直したりしています。ここでは7つの大きな変化を取り上げ、それが実はソーシャルプロダクツとも深い関係があることを明らかにしていきたいと思います。

1 若者・女性・シニアの影響力拡大とソーシャルプロダクツの深い関係

教育現場での変化

現在、学校や教育の現場でどのような変化が起こっているのか、皆さんはご存知でしょうか？

新聞やテレビなどでは、ゆとり教育の廃止やいじめ問題などがよく話題になっていますが、それだけではありません。たとえば「フェアトレード」や「オーガニック」など、20世紀の教育現場ではほとんど目にしなかった言葉が、今の中学校・高校の教科書に掲載され、センター試験にも登場しています。また、社会科の教科書でも、フェアトレードという言葉を使わないまでも、「持続可能な社会」について取り上げています。

さらに、保育園では幼児の食事に対する意識の高まりもあって、オーガニック野菜を使った給食を提供するところが増えており、国際環境ＮＧＯグリーンピースではそうした取り組みを行っている保育園のリストを公表しています。また、若年層の影響だけではありませんが、グーグルの検索トレンドを見ると、「オーガニック」の検索件数はこの10年で顕著に伸びています。

このように、21世紀になってから、フェアトレードやオーガニックを含むソーシャルな概念（より良い社会づくりとそれに関係する概念）は若い世代を中心に急速な広がりを見せています。また、実際にそれらとの接点もこれまで以上に増えています。

教育の先にある世界

ここで、日本における環境教育とエコな商品・サービスの歴史を少し振り返ってみましょう。

学校では、１９８０年代後半から、自然保護教育や公害教育が統合されて進化する形で環境教育が本格化し、いろいろな形で実践されるようになりました。

商品でも、1997年にトヨタから初代プリウスが発売され、2003年の2代目プリウス発売以降、エコカーが急速に浸透しています。同様に、エコ家電も2000年代に入ってから市場が大きくなっています。

もちろん、エコカーやエコ家電の普及には、その経済性が影響していることは言うまでもありません。しかし、経済性だけではなく、環境に対する意識や理解も少なからず影響しているのではないかと思っています。環境教育が本格的に始まって四半世紀、当時の小学生や中学生が20代、30代として消費の主役の一端を担うようになり、エコなモノが売れるようになった。そういう構図です。

環境教育はかなり浸透してきましたが、フェアトレードやオーガニックなどを含めたソーシャルな概念は、教育現場に登場してまだ数年です。そのため、それによる社会の大きな変化を感じている人は、まだそれほど多くはないかもしれません。

ただ、こうした教育を受けた子どもたちが社会に出て、消費の世界で影響力を持つようになると、ソーシャルな視点をもって商品・サービスを見たり、選んだりする人は確実に増えていくのではないかと思います。

また、そうしてソーシャルプロダクツへのニーズが高まるのと同時に、彼らが就職して企業内でモノづくりに従事するようになれば、今以上にソーシャルプロダクツが世の中で当たり前になる可能性があります。裏返せば、ソーシャルプロダクツと無縁の企業は取り残されるかもしれないということです。

これから10年後、20年後にどのような社会になっているのか、今日の教育は多くのことを示唆しています。

女性・シニアの意識と影響力

前項では、教育における変化から今後の社会・ビジネスを展望しましたが、将来の社会環境、事業環境の変化を示す兆しは他にもあります。

たとえば「女性の社会進出」。男女の別なく多様な生き方を認め、それを後押しし、個々人を輝かせて国や社会に活力をもたらすというものです。そうしたことを実現するために、国も内閣府内に男女共同参画局を設け、数値目標を掲げながら、政策として国を挙げて女性の社会進出を推進しています。

それでは、女性の社会進出が進むと、社会はどのように変わるのでしょうか。

一般社団法人ソーシャルプロダクツ普及推進協会（以下「ＡＰＳＰ」）がヤラカス舘SooooS.カンパニーと共同で20～69歳の男女５００名を対象に行ったインターネットによるアンケート

図表1◉「環境問題は自分の問題でもある」の回答結果（APSP 調査）

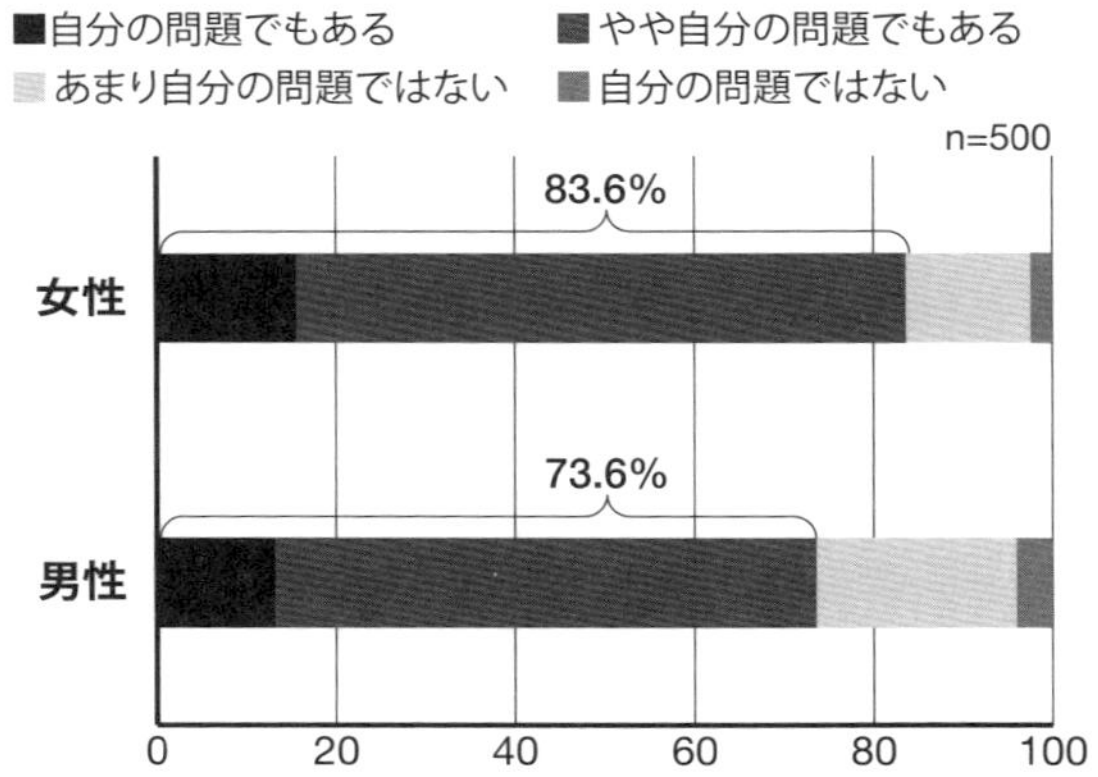

図表2◉普段のお買物の中で人や地球にやさしいものを選びたい」の回答結果（APSP 調査）

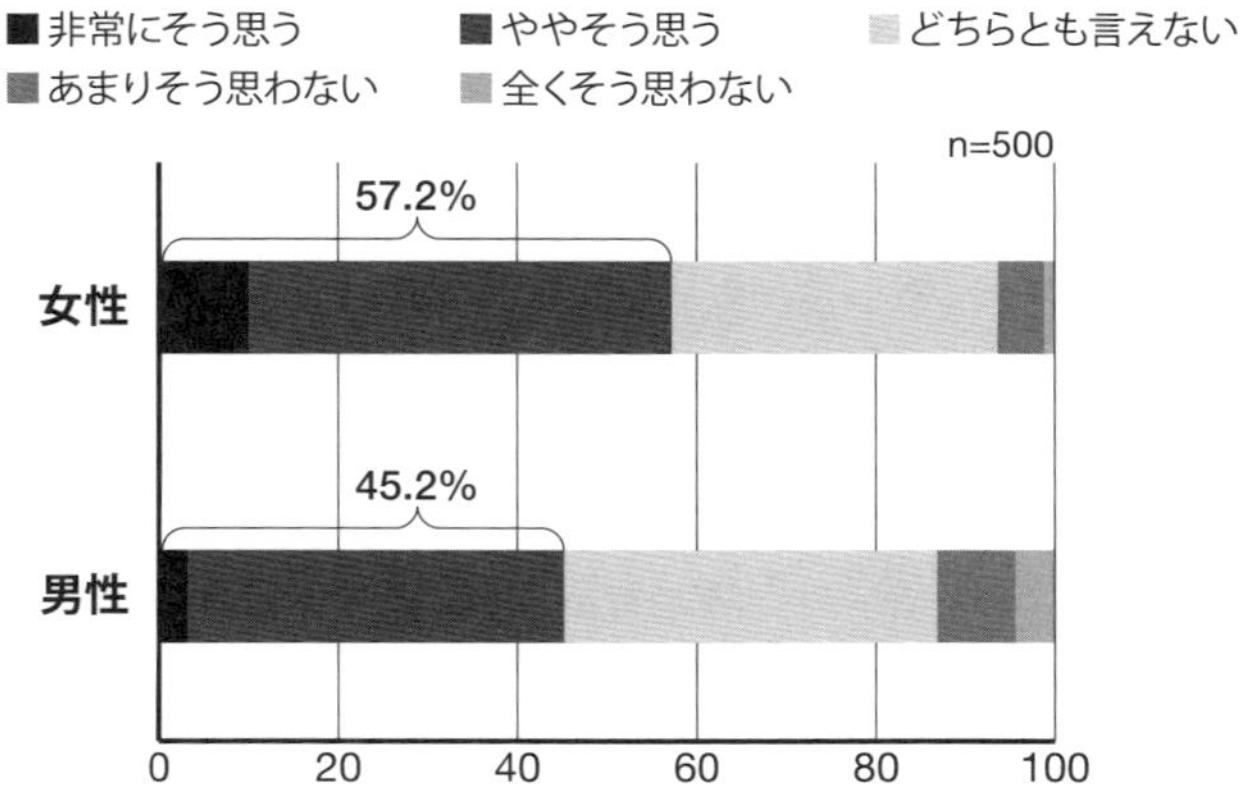

調査（２０１５年2月実施。以下「ＡＰＳＰ調査」）では、女性のソーシャルマインド（より良い社会づくりへの参加意識）は男性よりも高いという結果が出ています（図表1～2）。

このようなソーシャルマインドの高い女性が企業や消費におけるプレゼンスを高めれば、女性目線での商品開発、すなわち社会性のある商品・サービスの開発やそうした商品・サービスの選択が進む可能性が高くなります。

女性だけではありません。シニア（高齢者）も同じです。国立社会保障・人口問題研究所の推計によると、２０３０年に65歳以上の人が全人口に占める割合は31・8％にもなります。人口動態が激変するわけですから、消費に与える影響も相当なものです。

消費に対する意識は一生の中でどのように変化していくのでしょうか。

一般的に、物欲は子どもや若いときには高く、ある程度の年齢になると低下していきます。これは、若いときにはいろいろと欲しいモノがあった人でも、年を重ねるうちに欲しいモノを手にして満たされていくからです。このことは、自身が高齢でなくても、自分の祖父母や周りのシニアを見回してみれば、なんとなく理解できるでしょう。

そして、シニアの多くは、自分のためにお金を使うよりも、孫をはじめとする誰かのために、社会や将来世代のために、お金を使いたいと思っています。こうしたことを踏まえると、シニア層のニーズを満たすもののひとつに、まちがいなくソーシャルプロダクツがあるといえます。

2 国際的な経済連携（TPP）とソーシャルプロダクツの深い関係

ここ1、2年、政治・経済関連で注目されている話題のひとつにTPP（環太平洋戦略的経済連携協定）があります。政府によると、TPPとは「太平洋を取り囲む国々の間で、モノやサービス、投資などが出来るだけ自由に行き来できるよう、各国の貿易や投資の自由化やルール作りを進めるための国際約束（条約）」（内閣官房「TPP政府対策本部」より）のことです。TPPには、関税の取り扱い（物品市場アクセス）のほか、国境を越える投資やサービス貿易、知的財産の保護など、幅広い分野のルールが盛り込まれています。

TPPの成立によって、今後どのような変化が起こってくるのでしょうか。商品・サービスが自由に国家間を行き来できるようになるということは、これまで貿易時にかかっていた関税が撤廃されたり、その税率が大幅に下がったりするということです。そうなれば当然のことながら、日本が強みを持つ自動車や電子機器といった商品の輸出は増えます。一方で、相対的に競争力（特に価格競争力）の弱い農産品等の輸入は増える、と予想されています。

つまり、日本の1次産業が生き残るためには、海外から入ってくる農産品にはない価値（付加価値）が求められるということになります。その付加価値のひとつが、化学的な農薬や肥料を使用せずに育てる「オーガニック」です。オーガニックは雑草対策や害虫駆除などに薬剤を使用しないため、機械的な大規模栽培にはあまり向いていませんが、代わりに安全・安心という、一般的な栽培とは別の価値を提供することができます。

前述したように、オーガニックに関心を持つ人は増えています。また、APSP調査でも、約4割の人が将来的にオーガニック商品を買いたいと回答しています。そうしたことを踏まえると、現在はまだ日本の農業生産の1％にも満たないオーガニック農産品の生産は、今後確実に増えていくでしょう。

補足になりますが、日本は、2013年4月からEUと、2014年1月からアメリカと、オーガニックに関する認証の相互同等性に合意しています。これによって、どちらかの国・地域で認証を得ていれば、相手の国・地域でもオーガニック商品として販売することが可能です。

欧米のオーガニック市場は、日本の5～10倍以上といわれるほど巨大です。今後、コスメやアパレルをはじめとする欧米のオーガニック商品が日本でより多く流通するようになれば、日本の生活者にとって「オーガニック」はより身近な存在になるでしょう。

3 オリンピック開催とソーシャルプロダクツの深い関係

一般の生活者にとって、ＴＰＰ以上に熱く、関心も高いのが２０２０年に開催が予定されている東京オリンピックです。実は現在、この東京オリンピックをソーシャル（エシカル：倫理的、道徳的）なものにしようという動きがあります。

あまり知られていませんが、２０１２年のロンドンオリンピックでは、五輪史上はじめて、オリンピック自体の持続可能性を監視する独立した委員会「持続可能なロンドン２０１２委員会」が設けられました。同委員会は、持続可能なオリンピックにするために、選手村で使うものにオーガニックやフェアトレード、持続可能な方法で採取されたものを積極的に採用するなどして、オリンピックのもたらす環境的・社会的負荷の低減に努めたのです。

同委員会の活躍によって、ロンドンオリンピックは「最も持続可能なオリンピック」と称されました。

それをもっと進化させ、ロンドンを上回るレベルで人や環境、社会に配慮したオリンピックにしようというのが、今回の東京オリンピックを前に起こっている動きです。そして、そのための提言書が、すでに日本エシカル推進協議会から出されています（http://ethicaljp.com/blog/2015/03/31/19#a3）。

オリンピックのような世界的なビッグイベントで、フェアトレードやオーガニック、3Rなどの社会的取り組みとその情報発信が進めば、そのインパクトは非常に大きく、一気にソーシャルプロダクツやその概念が社会に広まる可能性があります。

4　社会や消費の成熟とソーシャルプロダクツの深い関係

教育、女性の社会進出、高齢化、TPP、オリンピックといったキーワードから、現在ならびに今後の社会変化、ビジネス環境の変化を見てきましたが、ソーシャルプロダクツ時代の到来を示唆する変化はまだあります。それは、少子化と共に語られることの多い日本の人口減少です。

すでに日本は、人口減少社会に突入しています。国立社会保障・人口問題研究所によれば、2010年に約1億2800万人だった日本の人口は、2030年には1億1600万人あまりと、1000万人以上減ると推計されています（国立社会保障・人口問題研究所「日本の将来推計人口」２０１２年1月30日公表資料より）。

人口が減るということは、消費をする人が減るということです。これは単純に考えれば、１人当たりの消費が増えない限り、市場が縮小することを意味します。

それでは、１人当たりの消費は、今後伸びていくと期待できるのでしょうか。

モノが余り、成熟した社会では、モノがないという理由でモノを買い求める生活者は減少します。また、「嫌消費」という言葉が登場したように、若者であっても、モノが欲しくてどんどん買うという人は減ってきています。さらには、カーシェアリングや洋服・アクセサリーのシェアサービスのように、買わずに誰かとシェアするということも一般化してきました。

このような風潮から、これまでと同じようにモノをつくって販売したとしても、これからの世代が、これまでの世代以上に消費を拡大させていくことは期待できそうにありません。であるならば、どのようにして市場そのもの、あるいはそこでの自社商品・サービスのプレゼンスを維持・拡大すればいいのでしょうか。

「コト消費」という言葉が当たり前に使われるようになったように、これからの時代、消費につながる何かがあるとすれば、それはモノそのものではなく、そのモノが生み出す時間や変化、その背後にあるストーリーや背景ではないかと思います。そして、価値を感じてもらえる＝共感してもらえる背景やストーリーのひとつには、間違いなく商品・サービスを通じた「より良い社会づくりとのつながり」があります。

さまざまな商品でコモディティ化（同質化）が進む中で、他が真似できないような圧倒的な安さ、あるいはこれまでにないような画期的な技術開発が実現できなければ、競合他社の商品・サービスとの差別化は難しくなります。しかも、現代はインターネットが社会インフラとして広がり、生活者は自由に情報を入手することも、瞬時に商品・サービスを購入することもできます。つまり、他社と同じような商品・サービスを同等以上の価格で売っていては、事業は成り立たないのです。

そこで注目したいのが、前述した商品・サービスを通じた「より良い社会づくりとのつながり」です。幸いにも、自分たちの商品・サービスが、どのような社会的課題とどのように向き合うか、商品・サービスの購入や利用を社会的課題の解決や緩和とどうつなげるかということは、スペックなどのハード面よりも柔軟に設計することが可能です。すなわち、より良い社会づくりにつながる自社ならではのストーリーを付加価値として、安売り競争から距離を置くことができるというわけです。

もちろん、商品・サービスで社会的な取り組みがなされているからといって、何でも売れるわけではありません。詳しくは第４章で説明しますが、商品・サービスには、まず品質やデザイン、使い勝手など、本来求められる物理的価値があり、そのうえで社会性などの心理的価値（社会的価値）とその適切なコミュニケーションが求められます。

このように説明すると、商品・サービスを通じた社会的取り組みをしている（してきた）一部の企業からは、「うちの商品は、モノとしても高いレベルにあり、社会的な部分もきちんと設計・コミュニケーションしているが、十分に受け入れられていない」「適切に設計、コミュニケーションしても、生活者に価値として受け入れられるのは難しいのではないか（そこにニーズはないのではないか）」といった声が聞こえてきそうですが、そのようなことはありません。

次章の事例に示すように、商品・サービスを通じた社会的取り組みに生活者のニーズはあります。成果に結びついていないのは取り組みそのものやコミュニケーション、価値伝達の仕方に問題があるからです。

マーケティングの世界では、完成した商品・サービスを単に売る時代（マーケティング1・0）、買い手のことを考えて商品・サービスをつくる時代（マーケティング2・0）、生活者などと共に商品・サービスやその価値を共創する時代（マーケティング3・0～4・0）などという時代区分がありますが、まさにこれからは生活者に共感してもらいながら一緒にストーリーを書き上げ、つむいでいく時代です。

だからこそ、多くの人が関心を持ちながら、まだ満たされていない心理的価値を提供しうるソーシャルプロダクツには、大きな可能性が秘められているのです（図表3）。

図表３◉生活者の意識変化の背景

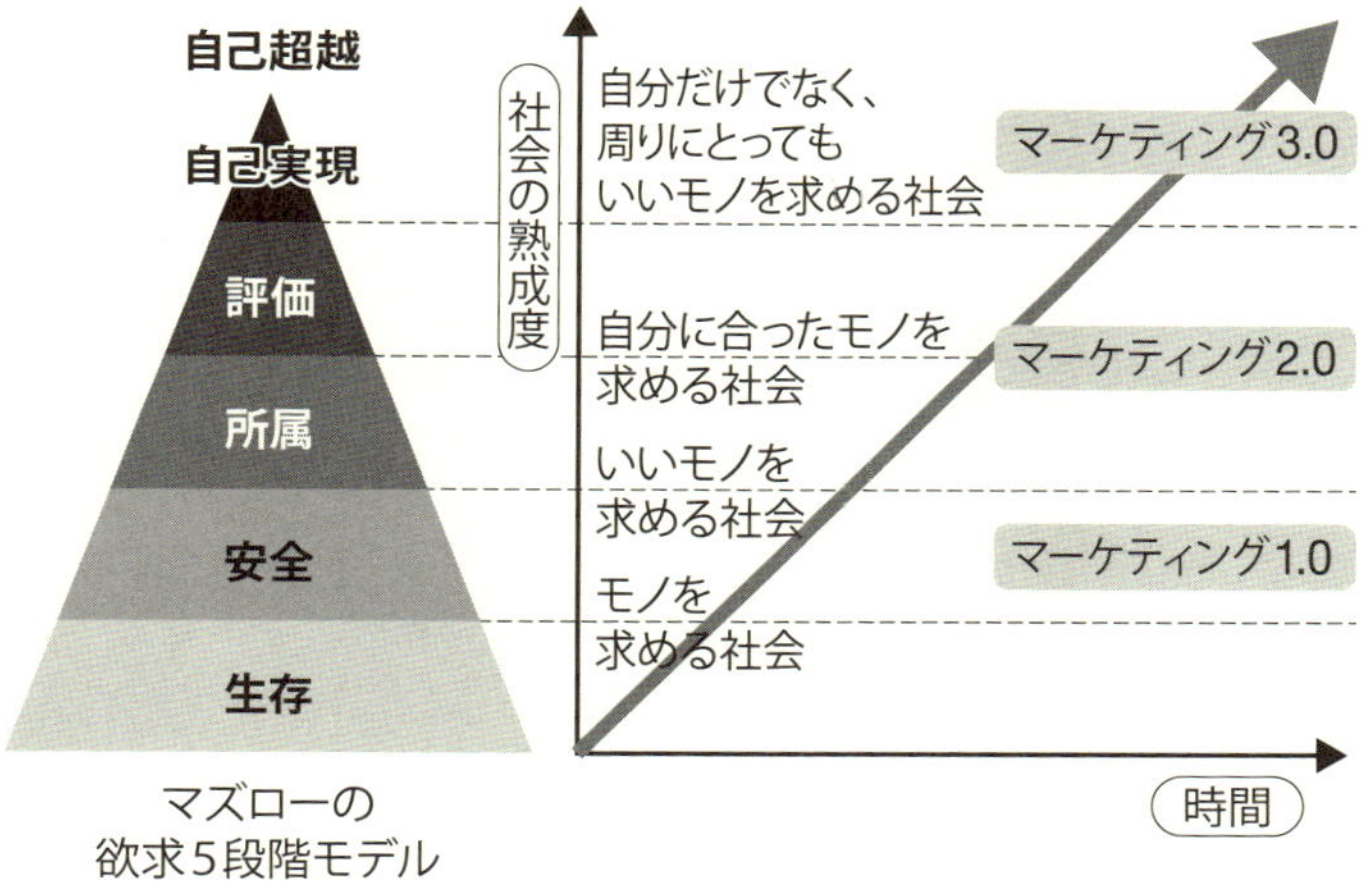

出所：左図は『改訂新版 人間性の心理学』（A. H. マズロー著、小口忠彦訳、産業能率大学出版部、1987年）、右図は『コトラーのマーケティング3.0　ソーシャル・メディア時代の新法則』（フィリップ・コトラー他著、恩藏直人監訳、朝日新聞出版、2010年）などを基に著者作成

5 グローバル化とソーシャルプロダクツの深い関係

ここで、海外にも目を向けてみましょう。すでに述べたように、日本市場は今後ますます小さくなります。そのため、新たなマーケットを海外、特に中国や東南アジアに求める企業は年を追うごとに増加しています。

そのアジアをはじめとする発展途上国や新興国には、「乳幼児の死亡率が高い」「衛生的な水を飲める人や十分な教育を受けられる人が少ない」「森林伐採や河川の汚染が取り返しのつかないほど進んでいる」など、貧困、医療、教育、環境といった社会的課題が先進国よりも身近にあります。しかも、それら社会的課題のほとんどが、日本以上に深刻な状況に置かれています。

このような環境においては、たとえ自分が直接の当事者ではなくても、そうした社会的課題を身近に感じている＝自分事化している人が多くなります。だからこそ、そうした国では、社会的課題の解決や緩和につながる商品・サービスおよび企業が、住民からの支持を受けやすくなります。

このことは、各種調査分析を手掛けるニールセンが、インターネットを利用する世界60カ国

3万人の生活者を対象に2015年に実施した「企業の持続可能性への取り組みに関するグローバル調査」(http://www.nielsen.com/apac/en/press-room/2015/consumer-goods-brands-that-demonstrate-commitment-to-sustainability-outperform.html)の結果からも明らかです。「少し高額でも持続可能性をうたった製品の購入をしたい」と考える人の割合は、中南米、アジア、中東、アフリカで、欧米などの他地域に比べて23〜29％も高くなっています。

発展途上国だから、ただ安いものをつくって売ればいいというものではありません。共感を生み出すモノやコトが、発展途上国や新興国においても消費のカギを握っているのです。

同様に、欧米で進んでいる各種の規制強化についても忘れてはなりません。アメリカでは2010年に紛争や人権侵害につながる鉱物の取り扱いを規制する（報告を義務化する）法律が制定されました。EUでも2013年から化粧品等の開発・製造に際しての動物実験を全面的に禁止し、それに違反した商品は流通できなくなりました。

日本では国内で紛争が起こっていないこともあり、アメリカの話はどこか遠い国のことのように感じられますが、紛争鉱物はレアメタルを中心に、これまでも家電等を通じて私たちの生活に深く入り込んでいます。経済がグローバルにつながっている以上、もはや私たちと無縁な社会的課題など存在しないのです。

商品に関連する社会的規制は次々に生まれ、それがビジネスにも影響しています。ただ、残念ながら、日本企業はこうしたグローバルな規制強化の動きに対して後手に回ることが多く、その戦略的活用を実現できている企業はほとんどありません。せめてもの救いは、欧米が先行しているとはいえ、その歴史は浅く、主導権争いも始まったばかりだということです。

まだ本格的なルールづくりが進んでいない社会的課題はたくさんあります。日本企業が先んじて動くことができれば、ビジネス上優位に立つことは十分可能なのです。

6 ICTの進化とソーシャルプロダクツの深い関係

人の意識や社会・経済環境の変化がソーシャルプロダクツに関係することは理解できたと思いますが、実はICTなどの技術進化も、ソーシャルプロダクツには大きく影響します。その中でも注目はビッグデータです。

ビッグデータとは、人間のさまざまな活動や機器類の稼働状況等から得られる巨大で複雑なデータのことです。IoT（Internet of Things：モノのインターネット）という言葉が盛んに使われはじめたように、今後ますます多くの人とモノが、そしてモノ同士がネットワークでつながります。そこから得られるビッグデータを上手に活用すれば、これまで関係がないと思われていた事象間の関係も明らかにすることができるようになります。

そして、その中には社会的取り組みと企業業績との関係性も含まれています。

実は、これまでもさまざまな研究や論文が「ＣＳＲ（Corporate Social Responsibility：企業の社会的責任）や社会的取り組みを行っている企業の価値は上がる、ブランドイメージの向上につながる」などと主張してきました。また、次章で紹介するように、実際に商品・サービスを通じた社会的取り組みが、商品の売り上げアップやブランドのファンづくり、企業の業績アップにつながっている企業・団体も存在します。

しかし、それはまだまだ一般的な認識になっているとはいえません。それがこの先ビッグデータの利用や分析が進むことで、科学的に明らかになる可能性があるのです。実際、そうした分析は少しずつ始まっています。

とある携帯電話のキャリアでは、ユーザーが参加できる形で社会的取り組みを展開していますが、その効果をビッグデータで見える化しようと試みています。その分析の結果によると、社会的取り組みに参加しているユーザーやその周りのユーザーは、参加していないユーザーに比べて解約率が低くなる傾向があることがわかってきたそうです。

解約率が低いということは、一度離れたユーザーを再度自社のサービスに呼び戻すための費用が不要になる、つまり広告やプロモーションなどの費用を抑えられるということです。

生活者の商品・サービスの選択にはいろいろな要素が関係しますので、社会的取り組みが新規顧客の獲得に直接的な効果をもたらさないこともあるでしょう。ただ、その場合でも、顧客のリテンション（維持）に効果を発揮するのであれば、それは立派に事業に貢献しているといえます。費用をかけて行う商品・サービス関連の社会的取り組みは、十分にリターンのある投資になりえるのです。

このようなケースは、おそらく他にもあると思います。直接的に効果が見えにくいからこそ、社会的取り組みを他社に先駆けて戦略的に活用する。そういう時代がすぐそこまで来ています。

7 消費市民社会の実現に向けた行政の動きとソーシャルプロダクツの深い関係

最後に、行政の変化についても見てみましょう。

前述した海外の規制もそうですが、日本は欧米に比べて、環境以外のソーシャルの領域においては、民だけでなく、官の動きもかなり遅れています。しかし遅ればせながらも、ここにきて注目すべき動きが出てきました。それは、消費者庁が2015年5月に「倫理的消費」調査研究会を立ち上げたことです。

同会ではその趣旨について「より良い社会に向けて、人や社会・環境に配慮した消費行動（倫理的消費）への関心が高まっている。こうした消費行動の変化は、消費者市民社会の形成に向けたものとして位置づけられるものであり、日本の経済社会の高品質化をもたらす大きな可能性を秘めている。しかしながら、こうした動きは緒に就いたばかりであり、社会的な仕組みも整備されていない。消費行動の進化と事業者サイドの取組が相乗的に加速していくことが重要である。以上を踏まえ、消費者庁において、倫理的消費の内容やその必要性等について検討し、国民の理解を広め、日常生活での浸透を深めるためにどのような取組が必要なのかについて調査研究を行う」（消費者庁消費者教育・地方協力課「倫理的消費」調査研究会より）と説明しています。

もうひとつ紹介します。今から遡ること3年前の2012年、「消費者教育の推進に関する法律」（消費者教育推進法）が施行されました。その目的は、「消費者が必要な情報を得て、自主的かつ合理的に行動できるよう、幼児期から高齢期までの生涯にわたり、それぞれの時期に応じ、また、学校、地域、家庭、職域その他の様々な場において、消費者教育を総合的かつ一体的に推進すること」（消費者庁消費生活情報課「消費者教育の推進に関する法律　よくある質問と回答」より）です。

また、この法律が制定された背景は、「日常生活において、利便性の向上が追求され、経済社会が大量生産・大量消費型へと移行する中で、資源やエネルギーの消費量も増加の一途をたどったことから、地球温暖化のような環境問題の原因が、産業活動のみならず、消費活動によるところも大きいとの認識が広がっていきました。消費者には環境に配慮した商品の選択や、エネルギーの節約など、日常の消費生活における省資源・省エネルギー等環境に配慮した行動の実践が求められるようになりました。さらに、より広い文脈で、個人が、消費者・生活者としての役割において、社会問題、多様性、世界情勢、将来世代の状況などを考慮することによって、社会の発展と改善に積極的に参加する社会である「消費者市民社会（Consumer Citizenship）」への転換が求められているという考え方が広がっていきました。（中略）すなわち、個々の消費者の自立を支援するだけでなく、自らの消費生活に関する行動が、現在及び将来の世代にわたって内外の社会経済情勢及び地球環境に影響を及ぼし得るものであることを自覚し、公正かつ持続可能な社会の形成に参画し、その発展に寄与することができる主体としての消費者の育成も期待されるようになりました」（消費者庁消費生活情報課「消費者教育の推進に関する法律 よくある質問と回答」より）とされています。

かみくだいて説明すれば、生活者に、日常の消費生活を通じて社会に与える影響が大きいことを知ってもらい、知ることで持続可能な社会づくりに主体的に参加し、影響力を行使してもらいたいということです。生活者には、商品・サービスの待つ背景やストーリーまでわかったうえで商品・サービスを選ぶ「賢い生活者」になることが求められており、そのために教育のあり方も変えようとしているのです。

多くの生活者は、自分自身が社会に与えるインパクトをとるに足らないと思っています。

しかし、そんなことはありません。たとえば、2013年度のCO_2排出量における家庭部門の割合は利用ベースで15％でしたが（国立研究開発法人国立環境研究所温室効果ガスインベントリオフィス「日本の温室効果ガス排出量データ（1990〜2013年度）確報値」より）、15％ものCO_2を排出しているということは、地球温暖化に対してそれなりに大きなマイナスのインパクトを与えているということです。

一方で、見方を変えれば、これはアクションしだいで大きなプラスの影響も与えうることを意味しています。

一人ひとりの「賢い消費」という小さな力でも、それが100人、1000人、1万人と集まることで、社会は間違いなく良くなります。

APSPがソーシャルプロダクツの普及を進める理由は、企業にとってそれがビジネス戦略上必要であるということ以外にも、こうした可能性があるからです。ソーシャルなプロダクツ（ならびにその製造、販売企業）なら、持続可能な社会の実現を、生活者と共に後押しすることができるのです。

ここで取り上げたことは、いずれもまだ小さな動きにすぎません。しかし、エコの取り組みも、20年、30年前は同じように小さな動きでした。消費者教育推進法や「倫理的消費」調査研究会設立の背景にもあるように、行政も、社会的取り組みに対する生活者の日常的な関わりを今後一層求めるでしょう。

そして、それを推進する行政の取り組みがますます進んでいくことは明白です。そのためにも、今のうちから準備をしておきたいものです。

ソーシャルプロダクツに対する期待
――調査結果から見えてくること

APSPでは、生活者の社会的意識と行動に関する調査・分析を、ヤラカス舘SooooS.カンパニーと共同で継続的に行っています。調査では、生活者がどのような社会的意識を持っているか、どういった社会的課題にどの程度の関心があるか、実際に社会的な行動をしているか、フェアトレードやオーガニック、3R等の認知や関連商品の購買経験はどうか、社会的取り組みを行っている著名なブランドの取り組みとその理解状況の把握などを行っています。

ここで紹介するいくつかの調査結果からは、生活者の意識と共にソーシャルプロダクツに対する期待が見てとれます。

陰徳は過去のもの？――良い行いは積極的に発信すべき

「良い行いはこっそりやるべきだ」と、日本人は思いがちです。いわゆる「陰徳のすすめ」です。たしかに昔はそうだったかもしれませんが、今は違います。企業などの社会的な取り組み・貢献については、積極的な情報開示が求められているのです。

図表４に示すように、第三者による発信も含めると、回答者の90％近くが「企業が行う社会的取り組みを知らせてほしい」と思っています。これは、多くの人が「より良い社会づくりに自分も参加したい、貢献したい」と思っていることの表れといえます。

情報が求められているわけですから、もはやこっそり陰徳を積む時代ではありません。せっかくより良い社会づくりにつながる取り組みを行っていても、そうした情報を発信していなければ、生活者のニーズに応えていないのと同じです。

図表４◉社会的取り組みの情報開示に対する意識（APSP 調査）

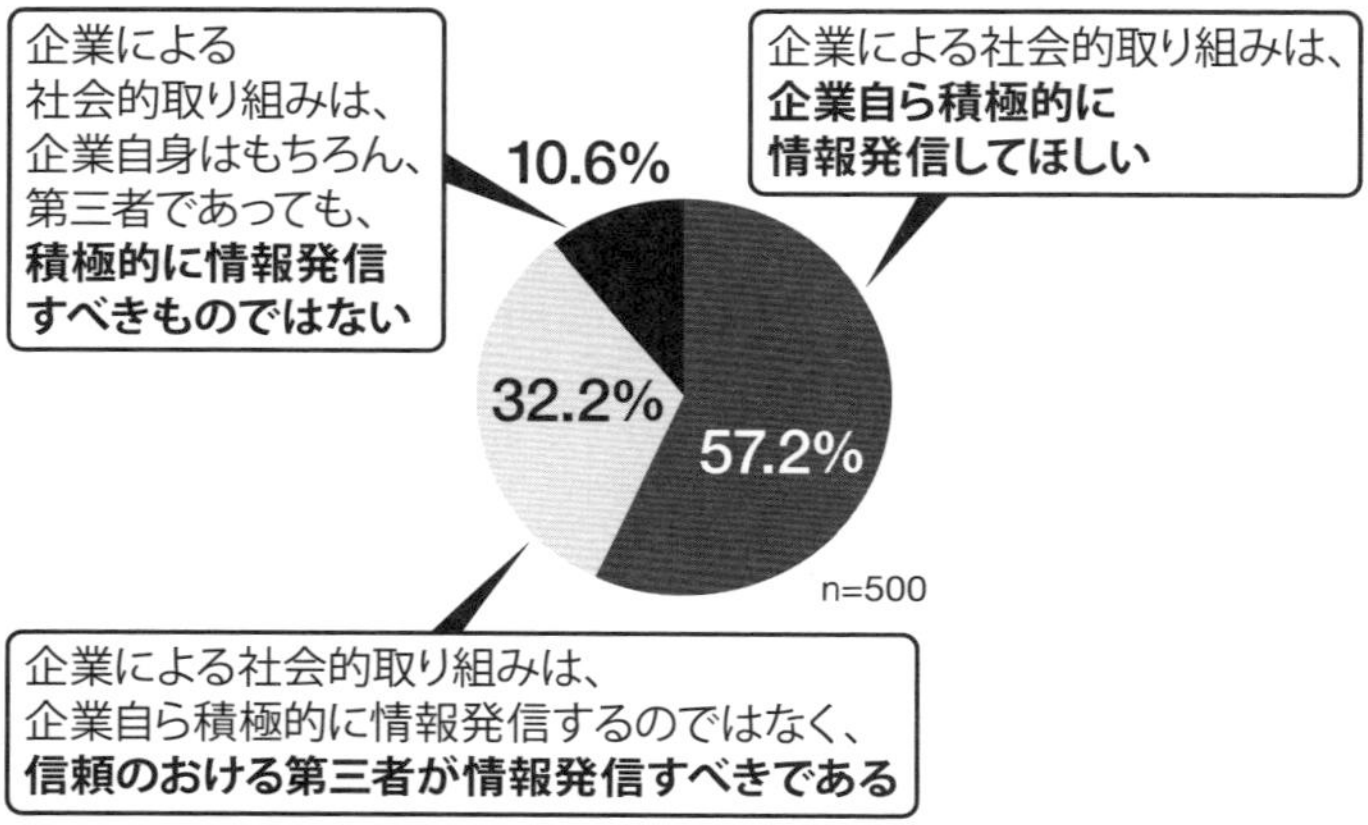
企業による
社会的取り組みは、
企業自身はもちろん、
第三者であっても、
積極的に情報発信
すべきものではない
10.6%
企業による社会的取り組みは、
企業自ら積極的に
情報発信してほしい
32.2%
57.2%
n=500
企業による社会的取り組みは、
企業自ら積極的に情報発信するのではなく、
信頼のおける第三者が情報発信すべきである

図表５◉社会的取り組みをどのように行うべきかに対する意識（APSP 調査）

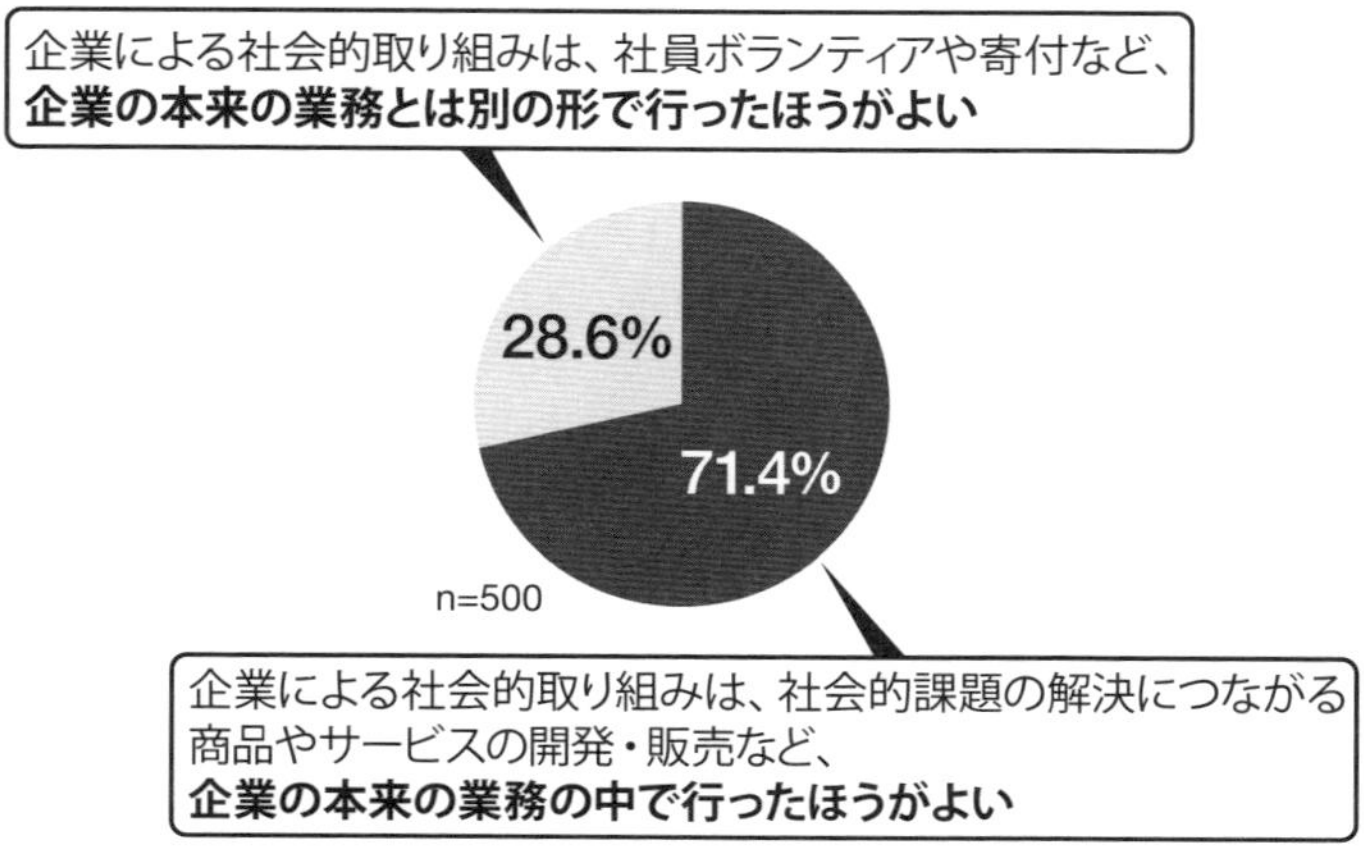
企業による社会的取り組みは、社員ボランティアや寄付など、
企業の本来の業務とは別の形で行ったほうがよい
28.6%
71.4%
n=500
企業による社会的取り組みは、社会的課題の解決につながる
商品やサービスの開発・販売など、
企業の本来の業務の中で行ったほうがよい

CSRは過去のもの？——生活者にとっては商品を通じた社会的取り組みが一番

寄付やメセナ（芸術文化支援）、ボランティアなど、慈善活動ともいえる旧来型のCSRではなく、商品を通じた社会的取り組みを求めている回答者も7割以上となりました（図表5）。前者のような活動はもちろん大切です。ですが、後者のように本業の一環として社会的な取り組みを行うことが、これからは求められます。

また、商品・サービスを提供する側は、これまで「生活者はとにかく価格の安いモノを求めている」と考えていました。ですから、低価格競争などが展開されてきたわけですが、図表6に示す通り、生活者の意識も徐々に変化してきています。

良い行いはビジネスと無縁？——「ソーシャル」は巨大な未開拓市場

多くの人が社会的なことに関心はありますし、ソーシャルプロダクツを買いたいとも思っていますが、実際に買っている人はまだそれほど多くはありません（図表7）。

図表 6◉商品の社会的取り組みと価格に対する意識（APSP 調査）

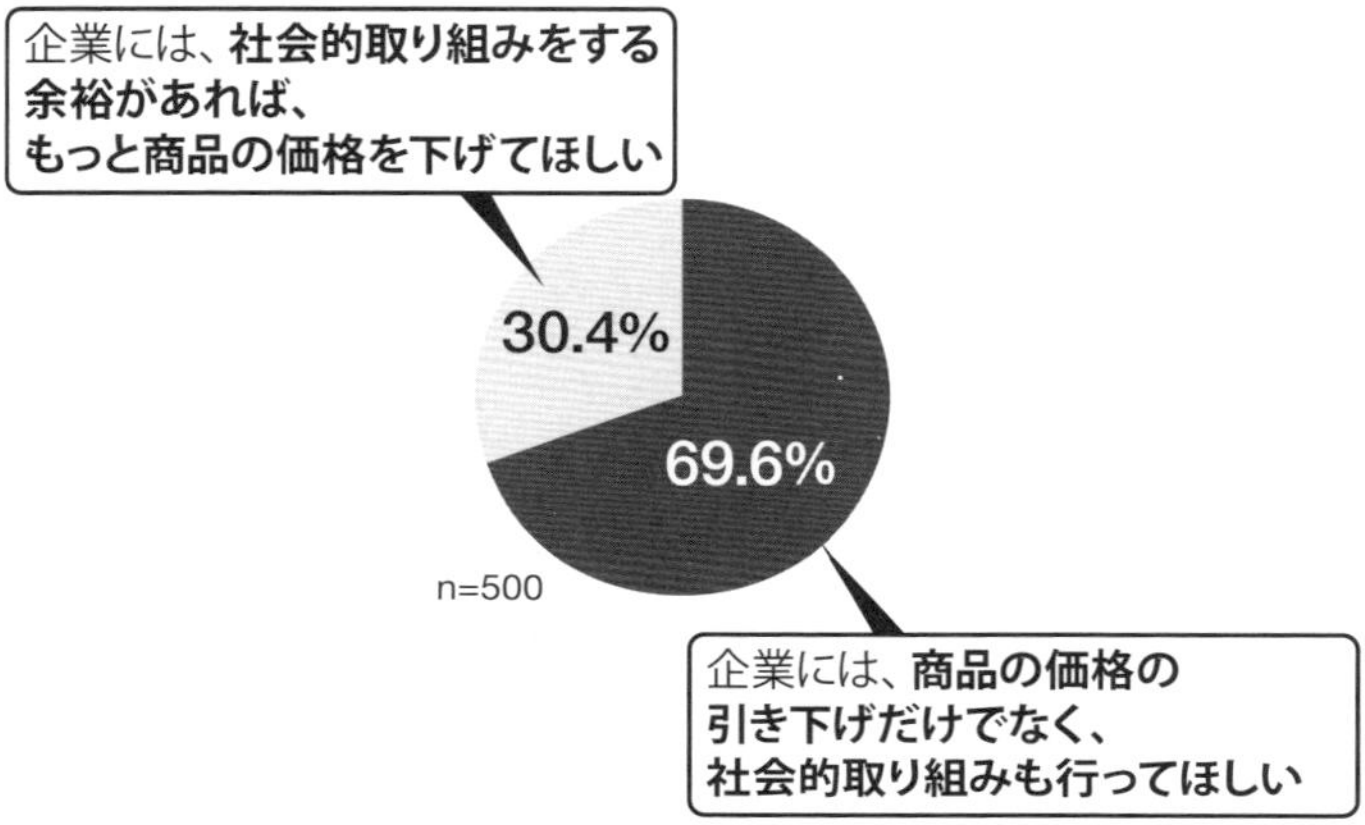

図表 7◉ソーシャルプロダクツを将来買いたい人と現在買っている人のギャップ（APSP 調査）

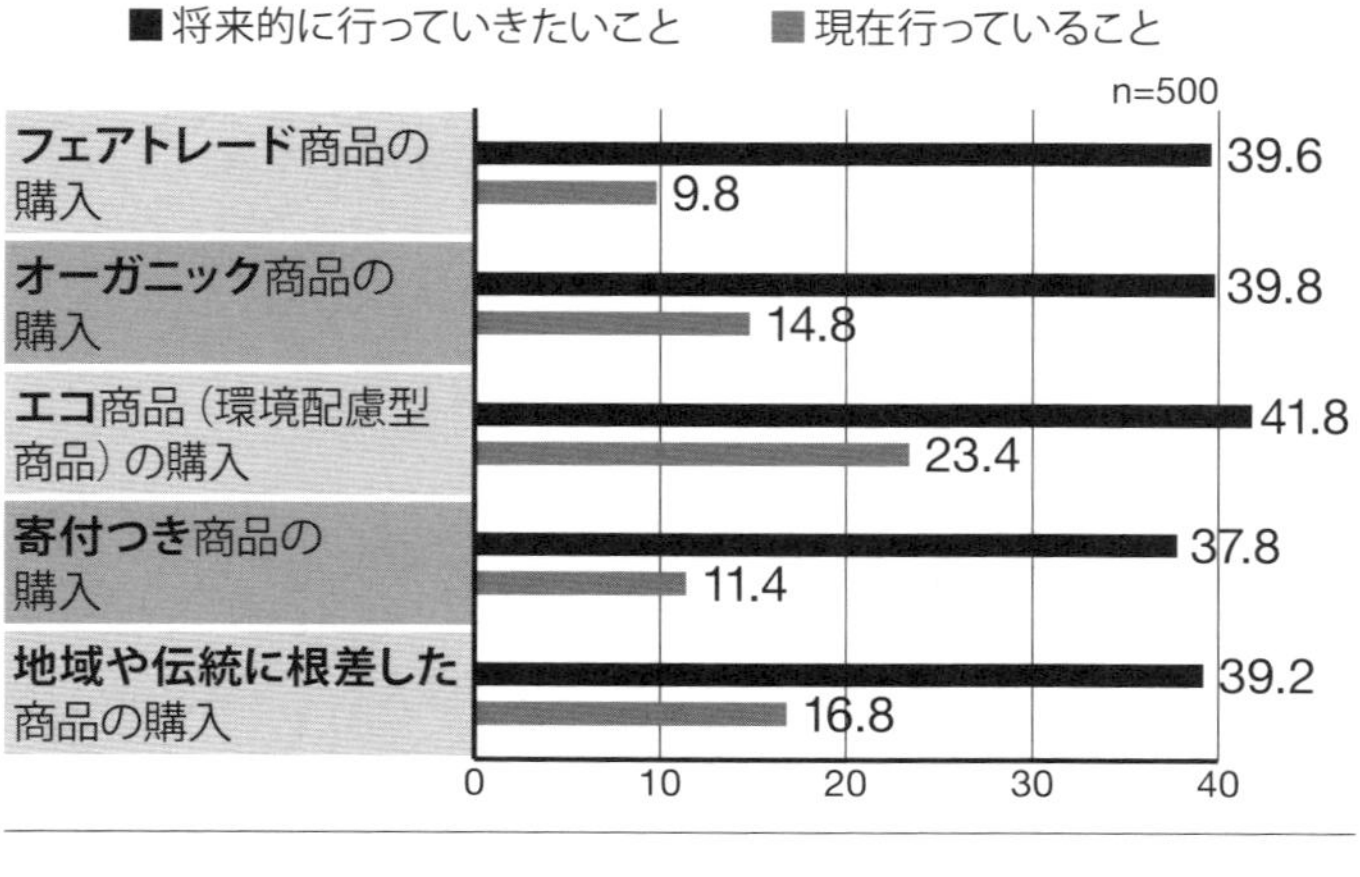

一般的に人は、品質やデザイン、使い勝手など、モノそのもののことをまず気にします。ですから、ソーシャルプロダクツに好きな風味やデザインのものがなければ、当然ながらソーシャルプロダクツは選んでもらえません。

こうしたことは、ソーシャルプロダクツが増えていけば、多少なりとも解決していくでしょう。そして、問題が解決できれば、そこには未開拓の（まだニーズが満たされていない）大きなマーケットが出現します。だからこそ、多くの企業にソーシャルプロダクツづくりをしてほしいと思うのです。

生活者分類とマーケット規模

2015年に行ったAPSP調査では、社会的意識や行動などから統計的に生活者を大きく3つのグループに分けることができました。ソーシャルへの関心が高く、深く関与している「高関心・関与層」、ソーシャルへの関心も関与度も中程度の「中関心・関与層」、ソーシャルへの関心も関与度も低い「低関心・関与層」です。

この分類・分析では、ソーシャルへの関心や関与度が高くなるほど、「女性や既婚者の割合が増える」「年代が上がる」「子どもの数が増える」「所得が増える」という傾向が見られました。つまり、これは社会的な取り組みがシニア層や所得に余裕がある層、子どもがいる女性層の獲得に有効である可能性を示しています。

ちなみに今回の調査とその統計的な分析からは前記のような分類になりましたが、私自身は、これまで調べてきた他の調査結果やさまざまなところで行ってきたヒアリングなどから、先の3層（特に高関心・関与層）をさらに細かく分けて、日本の生活者を4層（完全ソーシャル層、ソーシャル顕在層、ソーシャル潜在層、無関心層）で捉えています（図表8）。

構成比は、完全ソーシャル層が全体の1～5％未満、ソーシャル顕在層が20～25％程度、ソーシャル潜在層が40～45％程度、ソーシャル無関心層が30～35％程度です。

無関心層はその名の通り、社会のことに無関心で、どのようなことがあっても基本的には自分のことが大事であり、もっぱら自分のことだけを考えている人たちです。

ソーシャル潜在層は、ソーシャルマインドはあるものの普段はそれが表に出てくることはなく、東日本大震災のような非常に大きな何かがあったときにだけ社会的部分が行動に現れるという人たちです。

ソーシャル顕在層は、自らの生活道線上にソーシャルな選択肢が入ってくれば普段でもそちらを選ぶことがある層です。言い換えれば、自ら動き回ってソーシャルプロダクツを探したり、ボ

図表８◉社会的意識・行動から見た生活者分類

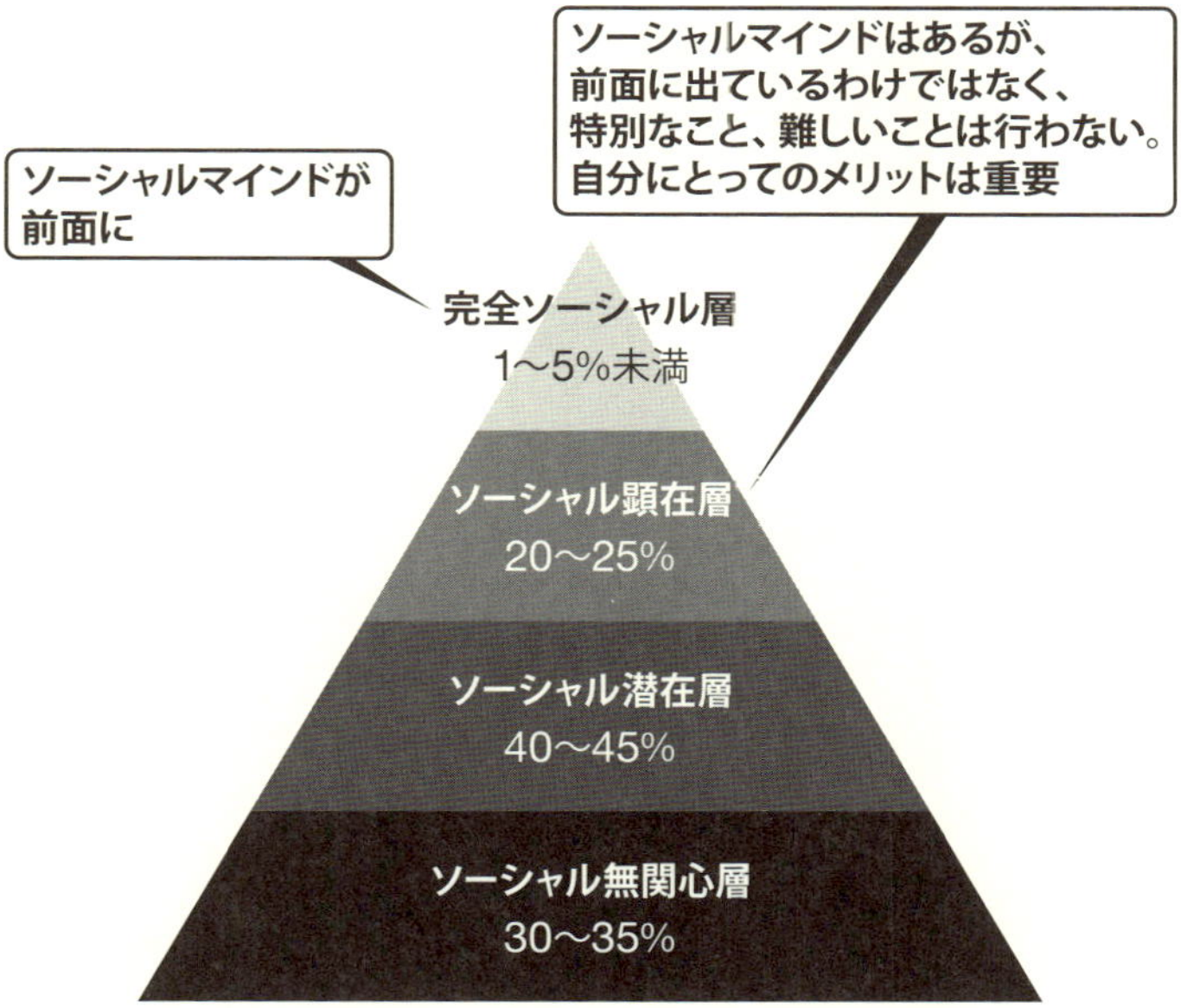

ランティアなどのソーシャルなアクションを率先して行ったりすることはないけれども、ソーシャルプロダクツがどのようなものかを知っていて買うことがある、あるいは買ったことがある人たちです。

最後の完全ソーシャル層は、常にソーシャルなものを選択肢として探し、NGOへ入会したり、積極的にボランティアに行くなどをしている人たちで、実際にはごくわずかしか存在しません。

仮に、生活者をこの4層に分類したときの上位2層を、人や地球、社会に配慮した商品を購入する「ソーシャルコンシューマー」として、その割合を20%とします。すると、ソーシャルプロダクツの潜在市場規模は、単純計算で日本の個人消費280兆円×20%＝56兆円となります。

もちろん消費のすべてがソーシャルプロダクツに切り替わることはありませんが、その中の10%だけでも切り替われば、そこには5兆円を超すマーケットが誕生することになります。自動販売機市場で5兆円（日本自動販売機工業会、2014年）、お菓子市場で3・3兆円（e－お菓子ねっと、2014年）、化粧品市場で2・3兆円（富士経済、2015年）ですから、5兆円という市場規模がいかに巨大であるかがわかります。

この巨大な潜在市場を捉えるには、柔軟な思考と視点が必要です。有名な話ですので具体的なことは割愛しますが、何よりも安さが求められていると思われてきたプライベートブランドに、実はそれ以外の面（高品質かつ高価格）でもニーズがあることがわかったというコンビニエンスストアの食パンの話もあります。

このように、眠れるソーシャルプロダクツ市場でしかるべきポジションを獲得するには、「商品を通じたより良い社会づくりへの参加・貢献に実はニーズがあり、今はそのニーズが満たされていないだけ」と考えることが重要です。

今こそ求められる21世紀のビジネス

20世紀型ビジネスの終焉

大量生産・大量消費に依存したビジネスというのは、この先どうなるでしょうか。また、何をどのようにしていけば自分たちが生き残れるか、あるいは自分たちらしい価値を生み出せるのでしょうか。

将来、日本の市場が小さくなっていけば、大企業も含め、これまでのように価格を下げて売り上げを伸ばしていくというモデルには限界がきます。おそらく、このまま価格勝負のビジネスを続けていたら、ある日突然、もっと安く商品・サービスを製造・販売できるどこかの国の企業に、仕事も市場も持っていかれるというようなことが起こるかもしれません。

それはスペック競争でも同じです。そうだとしたら、商品・サービスと生活者とのエンゲージメント（つながり）を、価格や機能以外の面でも、今のうちから強めておく必要があります。

エンゲージメントが強いということは、その商品・サービス、あるいはブランドの「らしさ」を生活者が評価してくれているということです。多くの企業経営者が言っているように、これからはこれまで以上に明確な「らしさ」がなければ、企業やブランドは生き残れません。

そして、その「らしさ」を出すときに、自分たちには何があるのかと考えることはすごく大事なことです。

ソーシャルの視点で自社の商品・サービスや事業を見渡してみれば、「自分たちだからできること」や「他と違う取り組み」など、自分たちらしさを考えるうえでの多くのヒントが得られます。

案外、足元には、新しいストーリーを紡ぐことができる要素がたくさんあるものです。そのあたりは次章のインタビューの中でも具体的に見ていきたいと思います。

コミュニケーションの多様化とＳＮＳの広がり

現代は商品・サービスを通じた社会的な取り組みを推進することで、テレビコマーシャルを使わなくても、別の形での露出（パブリシティ）が期待できます。

たとえば、次章で紹介するサラヤは、ボルネオ島の貴重な動植物を保護する「ボルネオ保全トラスト」という支援活動を10年近く行っていますが、この活動は文部科学省認定の「国語六」や「ＮＥＷ　ＨＯＲＩＺＯＮ」などの教科書に取り上げられています。さらに、そうした社会的取り組みがＳＮＳ（Social Networking Service）などで話題になり、サラヤの重要な顧客層である主婦の間にもクチコミが広がっています。

企業が発信していることをそのまま鵜呑みにするのではなくて、他の信頼できる誰かの情報を基に商品・サービスを選びたいという人が増えてきているというのは、読者の皆さんも感じていることでしょう。今後そうした人がますます増えてくると、今までと同じような一方通行のマスプロモーションだけをしていたのでは、生活者に選んでもらうのは難しくなります。

社会的な取り組みは共感できるものだからこそ、しっかりと伝えることで、一方通行ではないインタラクティブなコミュニケーションや、人から人への伝播が生まれます。

フェイスブックなどのSNSの広がりやICTの進化は、間違いなく共感を力に変えて、ビジネスを後押してくれます。そう考えると、より良い社会につながるソーシャルプロダクツと、これからの時代はとても親和性があるといえるのではないでしょうか。

観光業に見る21世紀型ビジネスのヒント

本章の最後に、現在、劇的に変化を遂げている観光業界を見ながら、今後、商品・サービスに求められる価値について考えてみましょう。

近年、国家的な取り組みが功を奏して、訪日外国人客が急増しています。しかし、観光の世界は、世界中の都市がその魅力を発信し、観光客の獲得を競う競争の世界でもあります。どの地が最も魅力的なのか、そこの何を評価してもらうのか、どのようにその魅力を伝えるのか。それらの発信の結果が観光客の数として表れるのです。もちろんブランド品などが安く買える場所にも多くの観光客は訪れるでしょうし、技術の粋を集めた近代都市にも観光客はやってきます。

しかし、それだけではありません。アメリカの大手旅行誌「Travel+Leisure」は、2014～15年の2年連続で、世界で一番魅力的な観光地に京都を選びました。これは、京都の日本らしさや大切に受け継がれてきた伝統・文化が、多くの人々を惹きつけたからです。これを、アナロジーとして捉えれば、商品・サービスが参考にできることはたくさんあります。

たとえば、安いモノをたくさん集めただけの街（廉価な商品）は、もっと安いモノを売っている街（もっと廉価な商品）があれば、そこに観光客（顧客）を奪われます。これは、技術でも同じです。各地の都市が一様に近代化してくれば（商品のコモディティ化が進めば）、何も日本に来なくても（何もその商品を買わなくても）いいということになります。

日本らしさを残す観光地には心に響くものがあり、他にはないストーリーがあります。だからこそ、訪れた観光客はそれを人に伝えたくなり、また来たくなる。こなれた価格や快適に旅ができるインフラも重要ですが、社会が成熟化する中で、人はそれと同等以上に心に響くものに価値を見出すものです。

生活者が日々買う商品と旅行では違うという意見もありますが、観光業からも私たちが学べることはたくさんあります。

第3章

ケーススタディ

ソーシャルプロダクツを展開する14企業・団体へのインタビュー

オーガニック　障がい者支援　地域活性化

多様なステークホルダーと共に創る真のオーガニックコスメ

株式会社クレコス

point 1

当たり前ではないことへの挑戦

point 2

農福連携による新たな価値創造

point 3

持続するソーシャルビジネスのための顧客志向

株式会社クレコス

設立	1990年2月
資本金	1,000万円
従業員数	20名
所在地	奈良県奈良市神殿町572-1
URL	http://www.crecos.co.jp/
商品	クレコス、QUON（クオン）

農家と深い関わりを持つコスメ

クレコスは、昔から日本人に日常的に愛用されてきた天然の国産原料にこだわり、創業時からオーガニックコスメ、ナチュラルコスメと呼ばれる領域の商品を扱ってきました。それは、ひとえに「毎日使うものだから、美味しい食べ物と同じように大地の恵みをまっすぐ肌に届けたい」という想いからです。私たちはその想いを「大地母《だいちぼ》」と呼んでいます。農業と深く結びついたコスメなのです。

柱となるブランドは「クレコス」と「ＱＵＯＮ（クオン）」の2つ。「クレコス」はリッチで使用感がよく、エイジングケアを重視したブランド。２０１１年に誕生した「ＱＵＯＮ」は天然成分１００％、化学成分完全フリーを追求したブランドです。

原材料をできるだけ天然の国産原料にしていることもあり、創業時から農業生産者との交流、つながりを重視しています。ヘチマや米ぬか、アロエ、蜂蜜、椿や菜種などの油も、全国の農家や生産者のところに直接足を運び集めて

株式会社クレコス
取締役副社長
暮部達夫氏

います。

最初のころは、農家との間につながりや取り引きがあるわけではなく、買い付けに行ってもまったく相手にしてもらえませんでした。ですから、まずは収穫の時期に通ってお手伝いし、一緒に酒を酌み交わすということから始めました。

それを2、3年やっていると顔と名前を覚えてもらえ、材料をわけてもらえるようになります。これを、有機無農薬で生産されているさまざまな原材料に対して繰り返し行ってきました。

その中の一軒に、ヘチマ農家さんがいます。彼は、有機農業をやる前は、多くの農家がそうであるように大量の農薬を使っていました。しかし、農薬で健康を害したことで有機無農薬の農業に転換したそうです。静岡のアロエベラ農家さん、奈良の養蜂家さんなど、農家の人たちには環境に対する負荷、人体に対する影響など多くのことを、交流を通じて教えてもらいました。

このように、現場の声を直接聴き、自分でも体験し、本当にいい原材料を求め続けてきたことが、「クレコス」「QUON」の商品づくりにつながっています。それがブランドにとっての一番

の財産といえるかもしれません。

コスメにとっては、そうした成分と共にどのような原料や添加剤を使うかも重要です。私たちは「オーガニックの時代が必ず来る」と思い、防腐剤など化学成分が入っていない原料にこだわっていたため、はじめのうちは「そんな原料は存在しない」と、原料会社に相手にされませんでした。当時は石油由来のものを一切入れずに化粧品をつくるなど、常識では考えられないことだったのです。

それから20年。現在では、石油由来の防腐剤であるパラベンを使用しないノンパラベンが当たり前になってきました。こうなってくると、当初から原料会社に無理を言って、石油由来成分無添加の原料をつくってもらっていた弊社にとっては追い風です。しだいに「クレコスは先見性があるから、話を聞いておいたほうがいい」という原料会社が多くなり、こちらの注文に応えてくれるようになりました。

農商工連携から農福連携へ

ＱＵＯＮは、２０１０年に経済産業省が推進する農商工等連携事業計画プロジェクトに選ばれたことがきっかけで誕生しました。プロジェクトの育成塾で、奈良の耕作放棄地を「自然農の

大和茶」で再生する取り組みをしていた伊川健一さんと出会い、その大和茶をキー成分＝ブランドの柱にしようということで立ち上げたのです。

しかし、それだけでは革新性・先進性が不足していましたので、オーガニックであっても肌への効能効果があることを静岡県立大学との共同研究で示し、さらに私が以前から考えていたソーシャルの要素を加えて申請し、採択されました。

そのソーシャルの要素というのが、障がい者や高齢者など一般的に社会的弱者といわれている人々に仕事（モノづくりの一部）を委託するというものです。

現在、新潟県の特定非営利活動法人あおぞらさんには大和茶の茶葉・茶花の蒸留や茶実から採れるオイルの圧搾など弊社で使用する原料の製造を、奈良県の社会福祉法人青葉仁会にはQUONシリーズで使用しているパッケージの製造をお願いしています。

彼らにできる作業を行ってもらい、それを会社として適正な価格で仕入れることで、彼らの工賃・給料はそれまでの数倍になりました。これからもまだまだ上げられると思っています。

ソーシャルのつながりはどんどん広がっています。来年度は、滋賀県の障がい者施設の人たちが１ヘクタールの畑でカモミールを栽培し、そこで収穫されたカモミールを特定非営利活動法人あおぞらさんで蒸留して商品化するというプロジェクトを始めることになっています。他にも、奈良県の施設では石鹸の工房をつくろうと思っていますし、別の施設では農業をやる予定でいます。

このように、ここは化粧水、ここは石鹸、ここはハーブというように、弊社が企画する化粧品を中心に、障がい者福祉から高齢者福祉までつなぐようなビジネスの生態系をつくれたら面白いなと思っています。

こうした商品づくりは外部からも評価されており、ＱＵＯＮは２０１０年に奈良県ビジネス大賞を、２０１３年にグッドデザイン賞を、２０１４年にソーシャルプロダクツアワード大賞を受賞しました。

この勢いが売り上げにもつながっており、昨年はシリーズ全体で前年比１４５％の伸びを達成することができました。

寄付より、持続する参加型事業を

前述したように、QUONという製品を中心にした農福連携を実践していることから、さまざまな障がい者支援施設から「モノづくり」の相談を受けることが多くなりました。

そこで彼らの話を聞いてみると、残念ながらアウトプット（販売）まできちんと考えられているケースは多くありません。「私たちは障がい者支援につながる意義のあることをしています。しかもプロのデザイナーによってカッコいいパッケージにしたので売れるはず」と、単純に考えている人が多いのです。

しかし言うまでもなく、商品はいいことをしているから売れるわけでも、デザインがいいから売れるわけでもありません。

モノを売れるようにするには、「どこで」「誰に」「どう」売るかを最初に考える必要があります。なぜなら、それによって、デザインも、パッケージも、値段も変わってくるからです。ところが、そうしたことをまったく考えず、デザイナーの提案のままつくってしまい、残念な結果に終わっている事例が非常に多いのです。

事業というものは、成果と言えるだけの売り上げをつくらないと継続できません。継続できなければまったく意味がないのです。ですから、私がプロデューサーとして入る限りは、まず売り上げのことを考えます。「あなたたちは、どこでこれを売りたいのですか」「どういう人に商品の価値を届けたいのですか」という点を、つきつめて考えてもらうのです。

正直言って、モノづくりの過程に障がい者や高齢者を組み込んで事業化するよりも、「化粧品の売り上げの一部を障がい者支援施設に寄付します、農業に寄付します」とするほうが簡単です。しかし、それでは社会的課題の根本的な解決にも、サステナブルにもなりません。

QUONプロジェクトということで、多様なステークホルダーを巻き込む商品づくりを始めたのも、それに関わる全国の農家と障がい者支援施設が適切な形で潤うようにするためです。

最終的な目標は、化粧品のプロである私たちが、本業である化粧品をどんどん販売することで、その商品の製造に関わる障がい者・農業者の皆さんの売り上げが上がり、皆がハッピーになるようにすることです。

それがゴールだと思って、これからも活動し続けていきます。

環境・3R

廃材から価値を生み出し、世界とつながる

SALLYLABEL株式会社

point 1
偶然の出会いと想いが生み出すソーシャルビジネス

point 2
「ソーシャル」が媒介する一流企業とのコラボレーション

point 3
ソーシャルマインドとビジネスマインドのバランス

SALLYLABEL株式会社

設立	2013年6月
資本金	30万円
従業員数	15名
所在地	愛知県名古屋市中区大須2-30-7
URL	http://www.modeco-brand.com/
商品	MODECO

廃材を価値あるものに変える原点

MODECOは、「産廃を新しい価値に」というコンセプトを持つアップサイクルブランドです。「アップサイクル」とは、捨てられるものや古くなったものなどを新たな視点や方法で有効活用し、元のものより価値あるものを生み出すことです。ブランド名もそのことを意識して、「モード」＋「エコ」＝「MODECO」と名付けました。

現在、MODECOでは、使用済みだったり、未使用のまま破棄されている自動車のシートベルトや消防服、工場で発生するフローリング材や布地の端材等を使ってバッグを製造しています。

私がこうしたモノづくりを始めたのは、まったくの偶然からでした。創業した2008年は、京都議定書に基づくCO_2の排出削減の開始の年で、いかにそれらを減らすかの意識が社会的に高まっていました。当時、自然エネルギーの活用などと共に企業側の取り組みとして注目されていたのが産業廃棄物の削減でした。

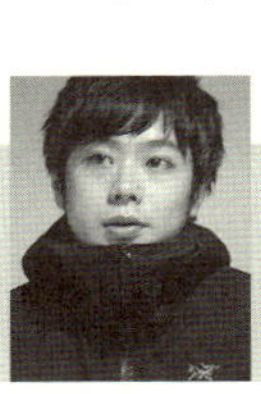

SALLYLABEL株式会社
代表取締役社長
水野浩行氏

そんなときに、私は知り合いだった環境関連会社の社長から精密機械に利用する20センチ角のウレタン材の端切れをたまたま渡され、「この廃材を何かに活用できないか」と相談されたのです。

渡された端切れはとてもきれいでまったく廃材には見えず、どうして捨てられてしまうのかと尋ねてみました。すると、「目に見えないレベルだが検査基準をクリアできず、使えない」との答えが返ってきました。そうしたものが、とにかく膨大な量の産業廃棄物として出ているというのです。このとき私は、現代の消費社会のひずみの一端を垣間見た気がしました。

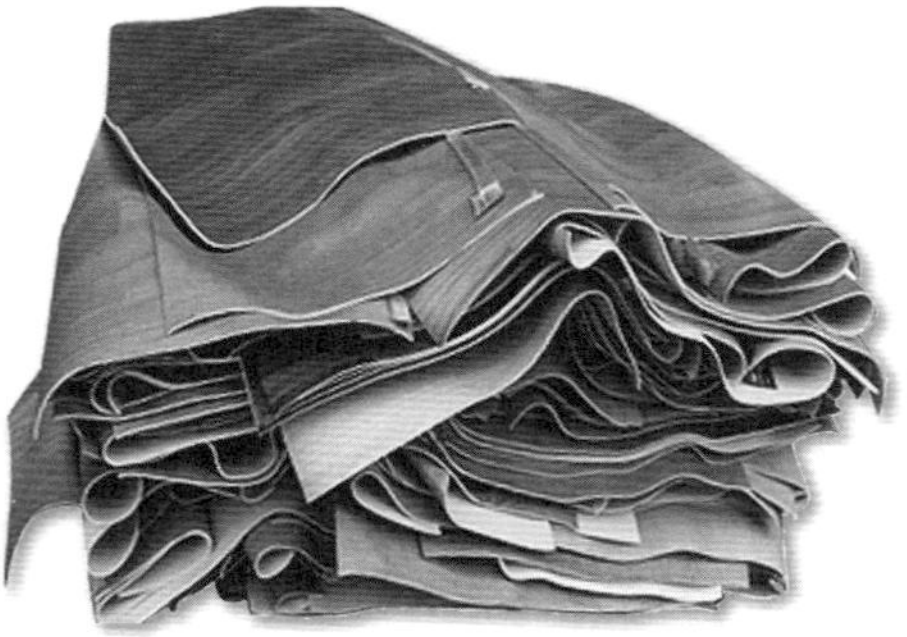

モノ（資源）は本来、地球や人、社会のサイクルの中で循環するのがあるべき姿ですから、循環から外れてしまったものは再び循環のサイクルに乗せなければなりません。「廃材に新しい可能性を見出さなければ、そのうちとんでもないことになる」——そう思い、端切れを引き取らせてもらいました。

その端切れで最初につくったのが美容師のハサミの先端につけるキャップです。これを知り合いの美容師に渡したところ、すごく喜んでもらえました。本当にちょっとしたモノなのに、美容師も、社長も喜んでくれた——このうれしさが、廃材を利

用して新たな価値あるプロダクツをつくるMODECOの出発点となりました。

端切れを渡された社長に「もっとつくってみないか」と言われ、1枚だったのが5枚、10枚と増えていくうちに、他の廃材の可能性も気になるようになり、最初のころは廃棄野菜でジュースをつくったり、間伐材で食器をつくったりもしていました。

結局のところ、モノをつくる、クリエイションすることが好きだったのです。もちろん餅屋は餅屋で、いきなり1本の間伐材から食器をつくるなんていうことは私にはできませんから、私がデザインして、つくるのは職人さんというように二人三脚でやっていました。

今はバッグを中心にしているので、自分でも材料となる廃材でどこまでできるかを確認し、ファーストサンプルは必ず自分でつくるようにしています。というのも、MODECOが扱う素材は、そもそも「ミシンが通るのか?」「曲がるのか?」みたいなものばかりだからです。

職人さんにすれば、使ったことのない素材を使うより、「革でつくればいい」「普通の布地でつくればいい」となってしまいがちなので、自分たちで素材の可能性を追求し、それを職人さんたちに伝えて、生産をしてもらうようにしています。

世界の一流企業とのコラボレーション

私は２００８年からアップサイクルのプロダクツをつくりはじめたわけですが、循環ということを意識したエコロジカルなプロダクツづくりは、アパレルやファッションの領域では、そのころに世界で同時に始まったように思います。実際、ＭＯＤＥＣＯと同じようなコンセプトで、フェンディの孫娘が廃材を使ったブランド「カルミナ・カンプス」を立ち上げたのも２００６年です。なので、私たちは、海外に対して遅れを感じることがありませんでした。

ＭＯＤＥＣＯでは、早い段階から海外とコミュニケーションを持ち、グローバル企業とのコラボレーションを行っています。２０１２年にはヒューレットパッカードと、２０１３年にはフォルクスワーゲンとコラボしました。

ヒューレットパッカードのほうは、同社が新しく発表するＰＣのコンセプトが「エコロジー・環境配慮」だったので、フローリングの端材と廃棄する車のトランクの内装材を組み合わせてラップトップケースをつくり、フォルクスワーゲンでは国内で廃棄されたシートベルトを使ったクラッチバッグをつくりました。

こうしたコラボレーションの話は、フェイスブックを通じてだったり、海外の展示会で声をかけられたりする中で出てくるのですが、アップサイクルという社会的な取り組みを日本以上に評価していただいているのを感じています。

当たり前ですが、アップサイクル品を含むソーシャルプロダクツは日本人のためだけにあるのではありません。ある問題の解決につながるモノを買うのは、ドイツ人でも中国人でもいいわけです。

購入した人たちがそのモノをつくった人と同じマインドで買ってくれるかどうかはわかりませんが、買うことで、結果として誰かが問題解決に寄与してくれるのなら、それはそれで十分意味のあることです。

グローバル化が進む中で、世界が共通で解決したい課題は増えています。ですから、課題の解決や緩和に貢献する日本生まれのソーシャルプロダクツが世界から求められたり、世界にその価値を認められたりして広がっていくことは、これからも大いにあるだろうと思います。

事業拡大にあたって気をつけたいバランス

これまでソーシャルプロダクツづくりに携わってきてわかったことがあります。それは、マーケットを〝意識して〟フラットな目線で見る必要があるということです。

ソーシャルプロダクツを扱っていると、その社会的な取り組みの部分に対してついつい熱くなりすぎてしまう人が多いのですが、常にニュートラルな気持ちでマーケットと向き合い、冷静に事業戦略を練る必要があります。ソーシャルマインドとビジネス（マーケティング）マインドの両方をバランスよく持たないと、ソーシャルプロダクツはうまく回っていきません。

このことに気づいたのは、事業を拡大しはじめてからです。創業の地である地元・愛知で小規模にビジネスをしているときには、何かしら環境に興味のある人しか商品を買いに来ませんでしたし、販売する私たちも、自然とそういう人にしか近づこうとしませんでした。ところが、地元を飛び出してもっと大きな世界に出てみると、商品の社会的な取り組みを高く評価してくれる人ばかりではないということがわかりました。

おそらくこうしたことは、既存の他のソーシャルプロダクツやこれから生まれてくるソーシャルプロダクツでも同じようにあると思います。

一般の人は、残念ながらこちらが思うほど良心でモノを買ったりしません。ほとんどの人が、もっと欲望・欲求に任せて商品を買っています。そんなとき、「自分の想いやこのプロダクツの社会的価値を受け入れてくれない世の中が間違っている」という方向へ考えを向かわせないことが大事です。

理解してもらえないのは想いが悪いわけではありません。ただ、品質やデザインがそうした人たちが求める水準に見合っていなかったり、コミュニケーションの中でソーシャル以外の価値を十分に届けられていなかったというだけのことです。

社会的課題の解決・緩和のためには、やはり多くの人にソーシャルプロダクツを手にしてもらうことが必要ですが、必ずしも社会的な側面を強く求めていない人たちにも手にしてもらうには、一般の商品に負けない高い品質と洗練されたデザインを追求しなければなりません。

ＭＯＤＥＣＯも含め、多くのソーシャルプロダクツにその意識が浸透していけば、ソーシャルプロダクツが人々の選択肢として当たり前になる日も遠くないと思います。

願わくは、今後のファッションシーンにおいて、廃材でできたバッグが新しいステイタスになってほしいですね。

環境・3R　寄付

批判が転機となって生まれたソーシャルプロダクツ

サラヤ株式会社

point 1
▼
批判を受けて進化するソーシャルプロダクツ

point 2
▼
社会的取り組みによるファンづくりと持続的成長

point 3
▼
ルールの主体的構築と戦略的活用

サラヤ株式会社

創　業	1952年4月
設　立	1959年2月
資本金	4,500万円
従業員数	1,400名
所在地	大阪府大阪市東住吉区湯里2-2-8
URL	http://www.saraya.com/
商　品	ヤシノミ洗剤、ハッピーエレファント洗たくパウダー

20世紀に誕生したエコ洗剤「ヤシノミ洗剤」の落とし穴

1952年、戦争の爪痕の残る日本には赤痢が蔓延し、多くの犠牲者が出ていました。創業者・更家章太が手洗いと同時に殺菌・消毒ができる薬用石鹸「シャボネット」を発売したのは、そんな日本の衛生環境を改善するためでした。ですから、サラヤはある意味、創業時からソーシャルビジネスのミッションが非常にはっきりとした会社だといえます。

20年後、日本は高度経済成長時代に突入し、人々の生活は豊かになりましたが、その反面、工場や一般家庭からの排水によって河川や海が汚染され、大きな社会問題となっていました。一般家庭からの排水が問題となったのは、当時よく使われていた石油系合成洗剤が原因です。

この社会問題を解決するためにサラヤが1971年に開発・発売した商品が、40年以上のロングセラーとなっている「ヤシノミ洗剤」です。その排水はすばやく微生物に分解され、環境への負荷も少なく、手荒れもしない理想的なエコ洗剤です。

サラヤ株式会社　取締役　コミュニケーション本部本部長兼
コンシューマー事業本部　副本部長
代島裕世氏

そうした点からは、「ヤシノミ洗剤」が地球にも人にもやさしい商品であることは間違いないのですが、ある日突然、私たちが気づいていなかった「やさしくない」側面を突き付けられました。

今から10年以上前になりますが、当時「ヤシノミ洗剤」に使われていたパーム油・パーム核油を搾る〝アブラヤシ〟がボルネオ島のゾウやオランウータンの住処を奪い、絶滅に追い込んでいるという内容のテレビ番組が放映されたのです。

発売時の「ヤシノミ洗剤」は主原料としてココヤシから採取されたヤシ油だけを使っていましたが、私たちが知らないうちに、原料がアブラヤシから採取されたパーム油・パーム核油に置き換えられていたのです。その背景には、世界的規模で急速に伸長するパーム油需要を支えるために行われていた、熱帯雨林を大規模伐採するアブラヤシのプランテーション（農園）開発がありました。

これにより、パーム油の約80%を生産するボルネオ島、スマトラ島といった生物多様性が豊かな東南アジアの熱帯雨林で、多くの希少な動植物が絶滅の危機にさらされることになったのです。

ルールをつくり、ルールを活用する

パーム油は非常に生産効率が高く、使い勝手のいい油で、揚げ油、マーガリン、チョコレートに含まれる植物油は、ほとんどがそのパーム油です。そして、洗剤、シャンプー、植物性インクなどの非食用用途にも大量に使われています。その使用量は年間6000万トンにもおよび、もはや人類はパーム油なしでは生きていけないといっても過言ではありません。

このような現実がある中で、「環境に悪いからアブラヤシのプランテーションを閉じて森に戻せ」では、70億人を超える人類の生活を支えられませんし、生産国の雇用を奪うことにもなります。そこで、世界自然保護基金（WWF）など7つの関係団体が中心となり、国際的な非営利組織RSPO（Roundtable on Sustainable Palm Oil：持続可能なパーム油のための円卓会議）が2003年に設立されました。RSPOの目的は、世界的に信頼される認証基準の策定と、ステークホルダーの参加による持続可能なパーム油の生産・利用の促進です。

実際に基準が策定されてからまだ10年ほどですが、サラヤでは2012年に、原料として調達するパーム油・パーム核油の全量を、RSPO認証を取得したものに切り替えました（現在はRSPO認証制度の未整備を理由に小売商品の全量に方針変更）。

日用品メーカーでもこの動きに追随するところが出てきていますが、国内の食品業界などではまだまだ取り組みが進んでいません。すでにオランダやスイスなどを筆頭に、ＥＵ諸国がＲＳＰＯ認証のパーム油しか使わない方針を明言しているのに比べれば、これは大幅な遅れです。

また、ＥＵはこうした環境認証制度をビジネス戦略として活用するのに長けています。自分たちが中心になってルールをつくり、早いうちから認証原料調達のルートを押さえ、自社の取り組みをアピールするというやり方です。そうした世界的な制度づくりの枠組みから外れてしまうと、政府の規制やＮＧＯからの突き上げをくらうなど、さまざまな不利益を被ることになります。そうなってから慌てないためにも、日本企業は生物多様性保全や気候変動対策など環境問題への取り組みを積極的にリードし、戦略的にビジネスに活用していく必要があります。

商品を通じた環境保全でロイヤルユーザーが増加

サラヤがＲＳＰＯに加盟した２００５年、その定期総会の席で、「ボルネオの主要な川の両岸エリアを動物たちの保全林として残しませんか」と提案しましたが、農園主たちから反対され、採択されませんでした。しかし、放っておけばゾウやオランウータンたちの置かれた状況は悪くなるばかりです。

そこで、私たちはボルネオ島、マレーシア・サバ州で熱帯雨林保全の政府開発援助（ＯＤＡ）を展開していた国際協力機構（ＪＩＣＡ）に協業を提案しました。「世界的に需要の高いパーム油であっても、生物多様性に配慮した活動をしていないと、そのうち意識の高いＥＵなどで不買運動が起こり、いずれアブラヤシ産業は立ちゆかなくなる。だからサバ州政府にも協力してもらうようにしてほしい」と。

アブラヤシ産業はマレーシアにとって最重要な産業ということもあり、ＪＩＣＡを通じた提言はサバ州政府に受け入れられ、政府主導で環境保全に取り組むことになりました。そうしてマレーシア・サバ州政府内に設立されたのが「ボルネオ保全トラスト（Borneo Conservation Trust：ＢＣＴ）」です。

ＢＣＴでは「緑の回廊」計画を推進しています。野生動物たちの生息に最低限必要とされる川岸の開拓地や森林を地主から買い上げ、アブラヤシプランテーションによって分断されてしまった熱帯雨林を繋ぎ、野生動物が自由に行き来できる回廊をつくる活動です。

またサラヤでは、２００７年5月から「ヤシノミ洗剤」の売り上げの1％をＢＣＴに寄付するキャンペーンを始めました。これで実際に洗剤を使うお客さまも、ヤシノミ洗剤を購入すればボルネオの環境保全に協力できるというわけです。

もともとサラヤのお客さまは、リピーターが多数を占めていましたが、このキャンペーンによってさらに多くの人の共感を呼びました。今では全体の60～70％がサラヤ製品を長く使い続けるロイヤルユーザーとなるなど、対象商品の売り上げは、キャンペーン開始以来、毎年伸び続け、寄付金額も累計で2億円を超えました。

このキャンペーンの大切なポイントは、寄付するのが「利益」の1％ではなく、「売り上げ」の1％という点です。前者の場合、利益の出ない年は寄付金を出さなくてもいいということになりますが、後者は出荷本数が増えれば、掛け算で寄付する額も大きくなり、継続的に現地の支援ができるのです。

さらにＢＣＴ支援商品を拡充するために、２０１３年には、廃棄物を出さない天然洗浄成分として21世紀の本命と目されるバイオサーファクタント（天然酵母によって発酵生産された界面活性剤）を配合したエコ洗剤「ハッピーエレファント」シリーズを発売しました。ソーシャルプロダクツとしてさまざまな賞を受賞しているこのシリーズでも、もちろん全アイテムがＲＳＰＯ認証を取得しています。

川上から川下までの一貫した社会的取り組みでビジネスに価値を見出す

本業を通じて社会課題を解決する取り組みを始めた当初、その意義を理解してくれる社員は社内でも限られていました。それが変わったのは、社外から評価されるようになってからです。日本環境経営大賞プロジェクト賞、朝日新聞の地球市民賞、イオン環境財団の生物多様性アワードなど多くの賞を受賞し、メディアなどで「環境問題に取り組むトップランナー」的な扱いで取り上げられていくうちに、「うちの会社は意味あることをやっている」と、社内意識が変わってきたのです。こうした社外の評価は社員だけでなく、リクルートや購買、そして営業活動にも大きく影響しました。「サラヤがそういう企業だから応募する」という学生が出てきましたし、「サラヤの環境活動を応援したい」というお客さまも拡大しています。

これからの時代、ソーシャルプロダクツはますます増えてくると思いますが、メーカーに求められるのは、サプライチェーンの上流である原材料の持続可能な調達や現地生産者への配慮なども含めた、川上から川下までの一貫した社会的取り組みだと思います。

私たちも最終的には、お客さまにどこを見られても、信頼を失わないどころか、逆に信頼を勝ち取れるようなモノづくりに真摯に取り組んでいきたいと思っています。

オーガニック

寄付

商社だからこそできる社会的取り組み

オーガニックコットンの広め方

豊島株式会社

point 1

オーガニック100%にこだわらず、名より実をとる柔軟性

point 2

ソーシャルなプロジェクトで他社を巻き込む

point 3

ソーシャルビジネスに不可欠な真に情熱を持つ人材と事業の継続

豊島株式会社

創　業	1841年
設　立	1918年6月
資本金	30億円
従業員数	513名
所在地	東京都千代田区神田岩本町2-1
URL	http://orgabits.com/
商　品	オーガビッツ

100人より、1000人、1万人に使ってもらう工夫

豊島株式会社
東京本社　営業企画室室長
溝口量久氏

「オーガビッツ」とは、オーガニックコットンを通して、みんなで〝ちょっと〟ずつ地球環境に貢献しようという想いから始まったプロジェクトです。

綿花はとてもデリケートな植物で、一般的には大量の薬剤を使います。ですから、環境や生産者の健康に悪影響を及ぼすことも少なくありません。ただ農薬や化学肥料を使わずに綿花を栽培しようとすると、害虫の駆除などにかなりの手間がかかります。そのため、オーガニックコットンはこれまでとても高価で、流通量も多くありませんでした。

そんな中で、私たちは綿花のリーディングカンパニーとして、純粋にオーガニックコットンの流通量を増やすべきと考えました。しかし、在庫を確保して、注文が入ったら売るというようなことだけをしていても、流通量は増えません。そこで考えたのが、オーガニックコットン100％にこだわらず、混率の低い製品（混率10％以上のもの）も認める、そしてその基準を満たすものを「オーガビッツ」と名付けるということでした。

「オーガビッツでは、オーガニックコットンが10%でも使用されていれば認めます」「オーガニックコットンを使っているという証明書も付けますよ」というふうにして、ファッションブランドが乗りやすいルールを自社でつくったというわけです。

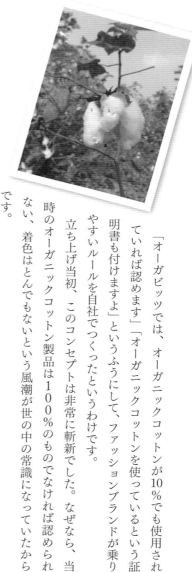

立ち上げ当初、このコンセプトは非常に斬新でした。なぜなら、当時のオーガニックコットン製品は100%のものでなければ認められない、着色はとんでもないという風潮が世の中の常識になっていたからです。

しかし、100%のものを100人に使ってもらうよりも、混率10%でも、手軽な価格で気に入ったデザインのものを1000人、1万人に使ってもらったほうが、オーガニックコットンは普及するはずです。そして、この予想は、オーガビッツのプロジェクト開始後、弊社のオーガニックコットンの取扱量が数倍になったことで証明されました。

成功のカギは「手軽さ」と「わかりやすさ」

オーガビッツの立ち上げから3年後、消費者から「オーガニックコットンの普及を3年やっていて、何かいいことはあったんですか？」という質問が届きました。たしかに、社会的に意義ある取り組みとして発信していましたので、どのような変化が生まれたのか気になりますよね。

もちろん、綿花栽培にそれまで使っていた農薬や化学肥料を使わなくなるので、その土地の環境や生産者にはプラスの変化・影響があったわけですが、それをわかりやすく説明するのはとても難しいことでした。

そういう声は、ファッションブランドからも届くようになっていました。彼らとしては、なるべく自分の店を目指してきてくれるロイヤルティの高いお客さまを増やしたい。そのためにはわかりやすいストーリーが必要です。

最近の消費者は、社会的な取り組みへの関心や共感度も高く、ソーシャルなことにオープンなので、社会的に意義のあるストーリーであれば、ファンづくりにつながります。もちろんオーガニックコットンを使っているということも意義あるストーリーなのですが、一目でわか

るようなストーリーだともっといいわけです。

そこで、誰もが簡単にわかるよう、社会的な取り組みを支援するファンドを立ち上げ、それと商品を紐づけることにしました。たとえば、商品を買ったお客さまが桜を植えるプロジェクトに参加できるとか、ダウン症の人たちの絵をバッグや服にするといった取り組みです。

こうした活動とオーガニックコットンの普及とはあまり関係がないと思われるかもしれませんが、一般の消費者の「環境に配慮したオーガニックコットンを購入するのだから、何かいいことにつながっているはずだ」という考えと、これらの取り組みはイメージが合いやすく、結果的に購入の促進につながったり、満足度の向上＝リピートにつながったりします。

オーガニックコットンについてそれほど詳しく知らなくても、「オーガニックコットンの服を買ったことで、より良い社会づくりにつながりました」というストーリーは非常に納得しやすく、ショップとしてもお客さまに説明しやすいようです。

現在、オーガビッツは「さくら並木プロジェクト」「地雷原を綿畑にするプロジェクト」など10のプロジェクトを行っていますが、これらプロジェクトを考えているのも私たちです。

ファッションブランドは小さなところも多く、自らそうした企画を立ち上げ、運用するのは必ずしも容易でありません。そうであれば、参加しやすい受け皿を私たちが用意すればいいではないか、という発想です。消費者に伝わりやすいプロジェクトづくりも、新しい価値を創造し、提案する私たち商社の役割なのです。

オーガビッツプロジェクトの参加ブランドは、今では「ポーター」「ニコアンド」「スタディオクリップ」「キャントン」、カタログでは「千趣会」や「フェリシモ」など、約70ブランドにのぼります。これは5年前と比べてほぼ倍です。コモディティ化が進み、差別化がしづらくなっているアパレル業界において、差別化できるストーリーとして支持が拡大しています。

コラボを生み出す「ソーシャル」の力

知名度が上がってきたおかげでしょうか。最近では他社とコラボする機会も増えてきました。最初は、2年前のサクラクレパスです。このときの企画は、洗濯で色が落ちるサインペンを使って、Tシャツやトートバッグに繰り返し自由に絵が描けるというものでした。この企画は、オーガニックコットンを楽しく使ってもらいたい、という私たちの想いを実現したものです。

昨今、多くの企業が新しい価値の創造に取り組んでいますが、自分たちだけでつくりあげるのはなかなか難しいものです。その点「ソーシャル」という切り口ならば、業種を問わず同じようなベクトルを持っていたり、賛同しやすい企業も多いため、普通では考えられないような組み合わせも起こります。

オーガビッツでは食品メーカーなどとのコラボもありますが、これからも多くの企業とのコラボを通じて、新しい価値や楽しさを消費者に届けていきたいと思っています。

信念、情熱ともう一つ必要なこと

会社としてオーガニックコットンに力を入れようと言いはじめたのは当時の常務なのですが、その方が最初に言っていたのは、「ずっと続ける」ということでした。3年のスパンで事業として成り立たせようという目標は持ちつつも、とにかく会社として続けていける仕組みをつくることがそのときの目標であり、意志でした。

そうしてやり続けて4年目ぐらいで収支がトントンになり、「事業としてこれは広がるだろう」ということでビジネスプランをきちんと考え、それが今につながっています。おかげさまでオーガビッツのプロジェクトは、今では会社にも貢献する存在です。

最初の3年、4年の厳しい黎明期は、真の情熱を持った人が1人はいないと、到底耐えられるものではありません。だからといって、「いいことをしなければ」と、肩に力が入りすぎても長くは続きません。

また、企業では単なる社会活動家は残っていけないものです。オーガビッツのような社会性のある事業を行うにしても、社内外のどこかで、まずは何らかの成果を出す必要があります。特に何か新しい事業をする場合など、社内で発言権を持っていないと、やりにくいのです。

現在、オーガビッツはファッション業界内の一プロジェクトという立ち位置ですが、将来的にはもうちょっとその幅を広げたいと思っています。オーガニックコットンのみならず、オーガニックワインやオーガニック野菜の販売など、オーガニックの良さや必要性の理解を広げるためにできることはいろいろあると思います。

オーガビッツの新しい活動にぜひご期待ください。

フェアトレード　オーガニック

東ティモールの住民と共に つくりあげるコーヒー事業

NGOの挑戦

特定非営利活動法人
パルシック（PARCIC）

point 1
NGOのゼロからの事業のつくり方・広げ方

point 2
営利・非営利を抜きにしたモノへのこだわり

point 3
相手に合わせたコミュニケーション

特定非営利活動法人
パルシック（PARCIC）

設立	2008年4月 1973年に発足したアジア太平洋資料センター（PARC）から、2008年にフェアトレード事業を分離する形で立ち上げ。
資本金	ゼロ
従業員数	53人
所在地	東京都千代田区神田淡路町1-7-11 東洋ビル
URL	http://www.parcic.org/
商品	コーヒー、紅茶、ハーブティー

さまざまな壁を乗り越えて

パルシックは、被支援者と私たちとの直接的な交流をベースにした「民際協力」を活動の基本としています。フェアトレードを行っているのも、紛争や自然災害などによって経済的自立が困難な状況に置かれている人々が、交易を通じて自立できるようにするためです。

活動がスタートしたのは１９９９年。東ティモールでのインドネシア国軍による破壊や略奪が激化したときです。最初は、医薬品提供などの緊急支援を行っていましたが、その後、紛争と政治的な混乱が落ち着いたことで、コーヒー生産者の支援を開始することにしました。当時、東ティモールでは輸出産品の９割をコーヒーが占めており、石油などの天然資源を除けば外貨を獲得できるような産業が他になかったからです。

実際に支援しはじめてから、とにかくいくつもの壁にぶつかりました。まず、販路の確保です。私たちはＮＧＯなので、現地のことはよくわかっていましたが、日本のコーヒー市場や販路についてはまったくの素人でしたので、それこ

特定非営利活動法人パルシック（PARCIC）
東京事務所事務局長／フェアトレード部
ロバーツ圭子氏

そ失敗の連続でした。

たとえば、「コーヒーといえば喫茶店」とお店のドアを叩いたものの、普通の喫茶店は店舗で焙煎をしておらず、生豆では買いません。焙煎された豆も、決まった大手のコーヒー屋さんから買うのが普通で門前払い。今思えば当たり前のことですが、やってみるまで知りませんでした。

価格面でも悩みました。フェアトレードコーヒーといえど、販売するときには他社の一般的なコーヒーの価格や品質と比較検討されます。最初は必要な経費をそのまま積み立てて、最終価格の設定をしていましたが、他の同様の商品と比較してみると、とても売れそうな価格ではありません。そこで価格を丁寧に見直していったのですが、最初の数年は営業経費をほとんど捻出できず、多くのボランティアさんにずいぶんと助けてもらいました。

品質の面でも改善が必要でした。東ティモールは、長い間抑圧されてきたその歴史の中で、木の管理が行き届かず、美味しさを引き出したり、維持したりするような加工技術もありませんでした。そこで、南米から専門家を呼び、加工の技術やカッピング（コーヒー豆をテイスティングして、評価する）の方法を教えてもらいました。同時に、日本や海外市場ではどういうコーヒーが求められているのかを、生産地にフィードバックしていきました。

一方で、はからずも農薬や化学肥料が入ってきていなかった東ティモールには、自然のままの状態が残り、国全体が「オーガニック」という環境でした。これは東ティモールのコーヒーを売るのに大きな力となった点です。その後もさまざまな試行錯誤を繰り返した結果、2014年には多くの取引先から「コーヒーの良さが出ている」「生豆の見た目がきれい」「雑味がない」などと、嬉しい言葉をかけていただくようになりました。

また、購入者も最初のころは東ティモールの支援が目的の人たちがほとんどでしたが、今では品質が評価され、取扱先もコーヒー焙煎店、高級スーパー、自然食品店、レストラン、カフェなどに拡大しています。

その結果、2014年度のコーヒーの売り上げは2010年度の約3・5倍の6700万円超になり、小さいながらも東ティモール産コーヒーのマーケットができてきたと感じています。

フェアトレードだからこそのマーケティング

営業・販売活動を続ける中で、商品や現地のストーリーを上手に伝える方法を常に模索しており、今でも

それは大きな課題になっています。

私たちが特に大事にしていることのひとつがパッケージです。そのためプロのデザイナーに依頼し、コンセプトや品質が伝わるようなパッケージデザインをつくりました。商品のバリエーションを増やすときも、ブランドとしての統一感を大事にして商品ラインをつくりあげています。

最初は基本的なことも知らずに、商品表示の文字を小さくしすぎてしまうなどの失敗もありましたが、そのたびに営業先や取引先の人たちに助けてもらいました。こうして、私たちなりにモノづくりやブランドづくりを大切にしてきたことが、取引先や販売量の拡大につながったように思います。

パルシックはNGOということで、コーヒーに関する販売やマーケティングのノウハウ、業界に関する知識が十分にないまま、生産者のほうを向いて事業を始めました。それでも私たちの場合は、初期の段階から、つながりのある人たちが支援目的で購入し続けてくれましたが、それがなければ年々増え続ける生産量に対応することはできなかったでしょう。

商品を扱う際には、継続性が大事なフェアトレード事業だからこそ、市場やマーケティングについて十分に理解し、できる限りの準備をしておく必要があります。

ちなみに個人のお客さまの多くはパッケージをじっくり見るわけでも、ホームページを訪問してまで商品情報や活動内容をチェックするわけでもありません。それを踏まえると、多くの人々を巻き込むために必要なのは、「目につくわかりやすいデザイン」と「(食品の場合は)美味しさ」です。まずは「手に取ってもらうこと」、そして「美味しいから買い続けてもらうこと」が重要であり、コミュニケーション上もそちらを優先させる必要があります。

ソーシャルな商品やサービスについて伝えるとき、ついその社会的な側面を強調しがちですが、それが人によっては重かったり、時に説教じみて感じられることは少なくありません。ですから、価値を押し付けるのではなく、商品そのものの良さを伝えたうえで、コミュニケーションをとりながら共感を得ていくほうがいいというのが、これまでの活動からの発見です。

ストーリーがつくりだす、モノ以上のつながり

1次産品や原材料などを扱う場合、事業を継続・拡大していくには、大口取引先の獲得も重要です。大手企業を顧客とする方法はいくつかあると思いますが、価格で勝負するわけにはいかない私たちは、商品のストーリー性を意識的に訴えるようにしています。

商品のストーリー性を訴えるといっても、型があるわけではありません。企業に響くストーリーの伝え方は一つひとつ違い、何を話すかは相手によって変わります。たとえば女性の職員が多い企業では、「東ティモールには低体重の子どもが○人いますが、1杯のコーヒーが、その子ど

もたちの1杯分のご飯になります」と伝えたり、コーヒー焙煎屋さんには「東ティモールの有機栽培のコーヒーで、標高○メートルの生産地で、こういう加工をしています」など、コーヒーのプロ向けのストーリーを伝えたりします。

また、私たちはできるだけ生産地の様子が企業に届くように工夫しています。たとえば、商品と共にPOPやポスターの掲示を依頼したり、企業の担当者に生産地を訪問してもらい、そこで農家さんがつくったご飯を一緒に食べてもらうなど、生活や文化に触れてもらうことを大事にしています。そういった生産者との直接的な交流は好評で、それがきっかけで取扱量を増やしてくれた企業もあるほどです。

日頃から、生産地とのネットワークを活かした、生産者と触れ合うツアーも行っていますが、他にはない背景やストーリーがあることで、単なるモノ以上のつながりが生まれる——それがソーシャルプロダクツだといえるのではないでしょうか。

支援先でなく、ビジネスパートナーを目指して

生産地の組合員数は、組合設立当初の34世帯から、２０１４年には６００世帯へ増えました。それに伴い生産量も増え、支援開始時には10トン程度だった生豆の生産量が、２０１４年度は１００トン以上にまでなりました。

将来的には、東ティモールの農民たちがコーヒーをパルシックに売る必要がなくなるくらい、他の買い手とも対等の商取引ができるようになればいいなと思っています。支援ではなく、ビジネスパートナーとして関係が成り立つ状況になることが、私たちの活動としての目標です。

私自身の夢は、東ティモールコーヒーのファンを増やすことです。コーヒーに関わる仕事をしてきて、単に味だけでなく、浮かんでくる風景や生産者のことも、美味しさを形づくるひとつの要素だと実感しています。

生産地と直接つながっているという私たちの利点を活かして、東ティモールのコーヒーの美味しさをもっと伝えながら販売量を増やし、幸せを分かち合えるビジネスを成功させたいと思います。

寄付

社員を巻き込むヒント

小さなハードルと楽しさ

株式会社ディノス・セシール

point 1

お客さまの意識や購買行動と親和性のある社会的取り組み

point 2

気軽さと楽しさでソーシャルな活動に社員を巻き込む

point 3

最初の一歩は、できることから、少しずつ、着実に

株式会社ディノス・セシール

設立	1971年12月
創業	1991年3月
資本金	20億円
従業員数	1,320名（関連子会社含む全体約2,600名）
所在地	東京都中野区本町2-46-2
URL	http://www.dinos-cecile.co.jp/
商品	寄付つきカタログ

業界先駆けの寄付つきカタログ

寄付つきカタログを導入するにあたり、一番に考えたのはどのカタログであればベストな形で実現できるか、ということでした。なぜなら、寄付をつけても営業的に成功しなければ、継続できないからです。

理想的なのは、「寄付した経験がある」「エコを実践している」など、より良い社会づくりに対しての意識が高いお客さまが多いカタログです。この条件にマッチしたのが50代女性向けの「ダーマ・コレクション プリュス」クリスマス特別号でした。チャリティシーズンでもあるクリスマス号というのも、イメージにぴったり。

そこで、「ダーマ・コレクション」編集部にチャリティへの協力を打診してみたところ、編集長が「やりましょう」と即断してくれたのです。聞くと、お客さまと価値観を共有できる方法を探していたところで、この取り組みは絶対に共感していただけるはず、と思ったそうです。こうして2009年に、弊社初の寄付つきカタログが世の中に登場したというわけです。

株式会社ディノス・セシール
広報本部広報室 広報・CSRユニット
山内三保子氏

当時、一冊まるごと寄付つきのカタログは珍しい存在だったせいか、さまざまなメディアが取り上げてくれました。そのおかげで、「ソーシャルプロダクツは広報的価値がある」という認識が社内に広まりました。しかも、売り上げも計画比140%になったことで、「社会的取り組みは売り上げにも貢献する」という認識も広げることができました。

現在は多くのカタログを寄付つきにしていますが、寄付額の設定はカタログによって異なります。ただいずれも、1回のお買い物でいくら、1点のお買い上げでいくらというように、必ずお客さまの購買行動とリンクさせて設定しています。また、支援先は各カタログの編集長と話し合い、顧客層や誌面イメージにマッチする団体をピックアップしています。

こうした取り組みを始めたことで、従来はなかったお客さまからの声も増えました。たとえば、「ダーマ・コレクション」で途上国の子どもたちへの給食支援について紹介したところ、お客さまから「具体的なことをもっと知りたい」と問い合わせがあったり、「すごくいい取り組みだと思うので続けてください」と激励されたりしたのです。なかには「カタログで知って、団体に直接寄付しました」というお客さまもいたほどです。

新しいということで、寄付つきカタログは話題になり、多くのお客さまにお買い物でチャリティに参加していただくことができました。しかし、それが1回で終わってしまっては、賛同者は増えません。継続しているから、賛同するお客さまが増えていったのだと思います。

実際、お客さまにアンケートをとっても、社会的取り組みや寄付つきカタログに対する肯定的な意見が数多く見られます。「寄付をしたことがありますか」「ボランティア活動に参加したことがありますか」というアンケートでは、寄付は93%、ボランティアも52%という高い数字が出ており、お客さまの意識と親和性のある取り組みが受け入れられているのだと思います。

小さくて楽しいハードルが社員の意識を変える

今では、寄付つきカタログをはじめとして、各種チャリティキャンペーンや商品での取り組みなど、事業を通じた社会的活動を進めていますが、もとから、社員の社会的意識が高かったわけではありませんし、まだ温度差はあります。それでも現在のように多くの社員がチャリティを理解し、関わるようになったのは、ひとえに「チームDeCo」という社内活動があったからです。

「チームDeCo」とは、社内のエコ&社会貢献意識の向上を目指し、２００８年にエコ検定合格者の有志が集まってできた組織横断的なチームです。メンバーは所属も役職もバラバラで、本部長もいれば若手社員もいます。

最初の活動はエコキャップの回収でしたが、あとから思うと、これがよかったようです。誰もが気軽に参加できる本当に小さな活動ですが、さらに参加しやすくするために、チームDeCoではペットボトル入れの上にキャップを入れるかごを設置しました。ごみ箱のすぐ上にキャップ入れがあるのですから、多くの人が意識せずにキャップをそこに入れてくれます。結果、かなりの量のキャップが集まりました。その後も、パソコンのこまめな電源オフ、ＭＹタンブラーを使おうキャンペーン（景品有）など、さまざまな取り組みを仕掛けてきました。

大がかりな活動としては、社内のホールで開催する夏のイベント「チャリティビアガーデン」があります。このイベントでは、毎年、経営陣や各部門の長をはじめ、多くの社員が参加し、その売り上げを寄付しています。

チームDeCoメンバーのすごいところは、ただやるだけではなく、いかに楽しくやるか、どうすれば社員を巻き込めるかを常に考えて行動する点です。チャリティビアガーデンでは、前売券をつくり管理職に「部下をねぎらってください」と言って売り込む、もっと上の人には協賛金を出してもらい、神社のお祭りみたいに「協賛〇〇様」と貼り出すといった工夫で、参加者＝寄付金を増やしてきました。

チケットを購入したり、協賛金を出したりした幹部にとっても、これはそう悪い話ではありません。前売券があれば、気軽に部下を誘えるでしょうし、「○○様」と貼り出された人は社内でのイメージアップになるからです。

最初はどのくらい参加してくれるか不安でしたが、いざフタを開けてみると、予想以上の数の来場者でした。狙い通り、部下を引き連れて来る部長も相当いました。

部単位で来ていたのが、飲んでいるうちにはじめて会った他部署の人と話したり、社長が席を回りはじめたりするなど、「チャリティ＝楽しくて良いこと」というイメージの醸成だけでなく、社内のコミュニケーションの活性化という、うれしい効果もありました。

会社が社会的に意義のあることに取り組んでいるということを知ると、「私の会社、いい会社だな」と思えるようになります。より良い社会のことを考えている社員がいる、共感してくれる上

司がいる、支援してくれる社長がいる——そうなると、会社に対する愛着がさらに深まっていくのです。

また、就職を考えている学生は企業のＣＳＲ活動・社会的取り組みをよく見ています。そうしたことにきちんと取り組んで発信しているかどうかは、会社を選ぶうえでの大きな要素のひとつとなっています。

急がば回れのソーシャルプロダクツ開発

いきなりソーシャルプロダクツ開発にチャレンジするのもいいかもしれませんが、それを受け入れる土壌がなければ、うまくいかない可能性が高いと思います。ですので、まずは社内全体の意識を高めることから始めるというのがよいかもしれません。

一見遠回りに思えますが、しっかりした土壌ができれば、ソーシャルプロダクツや社会的取り組みにおいてとても重要な「継続」につながるのではないでしょうか。

あとは、とにかく働きかけてみることも大事です。社内で関心のありそうな人・部門から始め、さまざまな動力をフル活用しながら、経営層、管理職層、商品部門、さらには従業員全体というように波及していけば、ソーシャルプロダクツ開発や受け入れの意識も自然に生まれます。

そうして出てきた芽はＣＳＲ部門が全面的にバックアップする。弊社にはそういった形で生まれた取り組み、商品が多いですね。

「ソーシャルプロダクツを開発しなきゃ」「でもどうすればいいんだろう」といろいろ悩むのではなく、今あるものをソーシャルプロダクツに変えたり、既存の自社製品にチャリティの要素を加えるという手もあります。私たちのカタログもそうでしたが、何でも一から新しくつくらなくてもいいのです。

よく見渡せば、社内には賛同者・協力者がたくさんいます。表には出ていなくても、そういうマインドを持った人はどこの組織にも必ずいるはずです。私たちは、エコ検定合格者というのが最初のフィルターになって協力者を見つけることができ、一緒にさまざまな取り組みを進めてきましたが、地道に取り組めば、それはどのような組織においても可能だと思います。

チャリティカタログからスタートして一歩一歩進んできた私たちの次の目標は、ディノス・セシールでのお買い物を、まるごとソーシャルなものにすることです。

地域活性化　環境・3R

地域の未利用資源を「らしさ」に変える

震災から生まれたブランド、震災の枠を超えて生まれた商品

有限会社オイカワデニム

point 1

地方の中小企業の震災からの復活

point 2

異業種連携による地域全体への波及効果の創出

point 3

地域の未利用資源を有効活用する「らしさ」づくり

有限会社オイカワデニム

設立	1981年4月
資本金	500万円
従業員数	20名
所在地	宮城県気仙沼市本吉町蔵内83-1
URL	http://www.shiro0819.jp/
商品	SHIRO 0819

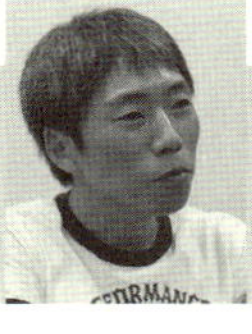

有限会社オイカワデニム
常務取締役
及川洋氏

逆境から生まれたブランド

私たちは今でこそオリジナル商品も扱っていますが、もともとはジーンズ製造の下請けを行っていました。バブル崩壊前の最盛期は、他の下請け会社と合わせて1日6000本ものジーンズを生産していましたが、バブルがはじけて数年後にはその仕事はゼロになりました。

当時は途方にくれましたが、それをきっかけに仕事のスタンスを変え、丁寧でこだわったモノづくりの価値をわかってもらえるお客さまを開拓して、何とか仕事が回るようになりました。

そうした矢先の2011年3月11日、あの東日本大震災が起こりました。皆さんもご存じのように、私たちの地元・気仙沼は漁港が壊滅し、海側の市街地が跡形もなくなるなど、大きな被害をこうむりました。

オイカワデニムもまた、製品倉庫に保管していたジーンズや旧工場に置いてあったミシンなど多くの商品・機械が倉庫や工場ごと流されました。このときもはじめは途方にくれましたが、高台にあった工場だけは無事だったので、そこを避難所として市民に開放しつつ、震災後1カ月もたたずに工場を再稼働させました。

これは、社長の「人として当たり前の生活をしよう」という方針からでした。つまり、働いて評価してもらい、お金を得る。まずは、そこからもう一回始めようということです。

事業再開にあたって何を縫おうかと考えたとき、避難所での生活が思い浮かびました。

地元の漁師さんや水産加工関係者など約150名の人たちが工場で避難生活を送っていたのですが、中は段ボールで仕切られているだけなので、プライバシーも何もありません。ほとんどの人が着の身着のままで逃げ出していたので、衣類をしまうバッグも箱も持っていませんでした。

そこで、とにかく身の回りの品を入れるものをと考え、カバンをつくることにしたのです。

せっかくカバンをつくるのですから、何か地域の素材を活かしてつくりたい。気仙沼といえば

港町、漁師の町でもあります。漁師といえば、船そして大漁旗です。

ここでは漁師さんたちは「船が一番大事、その次が大漁旗」と言うくらい大漁旗を大切にしています。その大漁旗は一般におめでたいときにつけるものですから、震災で汚れたものは使えません。避難所で親しくなった漁師さんに「大漁旗を捨てる」と聞いた私は、それをバッグの一部として使うことにしました。

こうして誕生したのが「SHIRO（シロ）0819」です。「SHIRO」は「無色透明」であり、これには、使う人が商品に色をつけていってほしいという想いと、復興と共に町に色がついていってほしいという想いが込められています。そして「0819」は、このブランドがスタートした8月19日のことです。

地域に、世界に、感謝の気持ちを届ける

SHIRO 0819は、被災者の協力があったからこそできたブランドです。特に、早期に工場を再稼働することができたのは漁師さんたちのおかげです。まだ電気が復旧していない中、彼らが自家発電機の設置や配線などを行ってくれましたし、大漁旗も快く譲ってくれました。

避難所という特殊な状況でのご縁でしたが、彼らからいろいろな話を聞いたことで、それまで

考えたこともなかったさまざまな可能性に気づかされました。ですから、少しでも恩返しができればと思い、その売り上げの一部を気仙沼の漁協や地域の団体に寄付しています。

また東日本大震災では、日本のみならず世界中の国・地域からたくさん支援をしてもらいました。自然災害はいつどこで起こるかわかりません。今度は自分たちも支援する人間になりたいと思い、同じく売り上げの一部を、アメリカ・オクラホマ州やフィリピンなど、世界中の自然災害の被災地に寄付しています。

このような活動は、「人がいるから、地域があるから、企業もある」という考えに基づいています。自社だけではなく、何らかの形で製品づくりに携わる気仙沼の人すべてに波及効果をもたらせるブランドにしたいと思っています。

地元ならではの未利用資源で「らしさ」を生み出す

気仙沼には、大漁旗以外にも地元ならではの意外な素材があります。最も有名なのはフカヒレでしょう。震災前の気仙沼は全国一のフカヒレの産地で、世界シェアの約8割を占めていました。フカヒレはサメのヒレですが、サメからとれるのはフカヒレだけではありません。身はカマボコやハンペンの原材料になり、骨からはコンドロイチンを抽出し、肝臓からは油をとるなど、くまなく使っています。しかし、皮だけはこれまで使い道がなく、廃棄されていました。

そんな皮を素材として使えれば、水産加工会社に新しく仕事が生まれ、お金も入ります。それはＳＨＩＲＯ ０８１９の想いともぴったり合致します。幸いなことに、水産加工会社は皮を薄くはぐ高度な技術を持っていましたので、丁寧にはがした皮を工夫してなめしてもらい、それを私たちが仕入れてサメ皮のバッグをつくりました。

また、そのバッグではポケットに漁網を使っています。漁で使用する漁網は、実はとても頑丈で高価なものです。しかし、過酷な漁の現場で切れてしまったり、ほつれてしまったり、あるいは見た目には見えない強度の低下などで、定期的に廃棄されてしまいます。

つまり産業廃棄物になるわけですが、それを少ない金額であっても私たちが買い取れば、漁師さんにとってはプラスになりますし、廃棄物も減らせ、地元の素材の有効活用につながります。

さらに、気仙沼は日本第一位のカジキマグロの漁獲高を誇ります。一方で、食べられない角の部分（吻《ふん》）だけで、年間40トンも廃棄されています。私たちは、それを繊維にしてジーンズをつくることに成功しました。

この技術は、カジキマグロの吻《ふん》だけでなく、理論上、固形のものなら何にでも応用できます。たとえば、鉄や瀬戸物からでも繊維がつくれるのです。

最近では、地元を飛び出し、他の地方にも足を運んでいます。北海道の酪農が盛んな地域で進んでいる話は、増えすぎて獣害を引き起こすために捕獲されたエゾジカの革とか角で、カッコいいファーマーの洋服をつくるというものです。

このように、私たちは、今まで普通に廃棄していたものが本当に廃材なのか、もしかしたら特徴ある資源になるのではないか、その視点でもう一回見直そうとしています。

このことについては、これまで扱ってきた素材——大漁旗、サメ皮、漁網、アワビの貝殻、カジキマグロの吻などを活用した商品がその答えを示しているのではないでしょうか。

先に挙げたような取り組みは、私たち繊維業界だけではなく、漁師や水産加工会社、酪農家など業種を超え、地域の人と技術が集まって行うモノづくりです。そして、この理想とするモノづくりで、ソーシャルプロダクツの新しいマーケットを自分たちでつくろうと思っています。

これからの時代、「らしさ」を持たないと、企業やブランドは生き残れないでしょう。その「らしさ」を出すときに、「自分たちの地元には何があるのか」を考え、見直すことはとても大事なことです。

「カジキマグロの吻で糸なんかつくれっこない」と、はじめから「できない」と思っていたら、おそらく何もできなかったでしょう。自分たち「らしいモノ」が地域から絶対に生み出せると信じていたからこそ、吻を糸に変えることができたのです。

自分の足元や周りを見てみたら、実は使えるものや一緒に協力できることは必ずあります。ぜひ皆さんの周りでも探してみてください。オイカワデニムも、自分たちらしいストーリーをこれからも多くの人たちと紡いでいきます。

伝統

伝統と現代の感性を「和えて」次世代に伝える

株式会社和える

point 1
▼
ベビー・キッズ×伝統産業という新市場創造

point 2
▼
モノをつくるというよりも、伝えるという姿勢

point 3
▼
文化と経済のバランスの追求

株式会社和える

設　立	2011年3月
資本金	500万円
従業員数	6人
所在地	東京都港区西麻布3-5-2
URL	http://a-eru.co.jp/
商　品	和える（aeru）

株式会社和える
代表取締役
矢島里佳氏

目指すは文化経済大国日本

「古き良き伝統」と「今を生きる私たちの感性」を、混ぜるのではなく「和《あ》える」ことで、伝統産業の技術を現代の生活に活かしたい。人々が誇れる日本の伝統を次世代につないでいきたい。そんな想いから誕生したのが「和える(aeru)」です。

日本で生まれ育ち、義務教育というものがしっかりあるにもかかわらず、伝統産業について教えてもらう機会が、今の日本にはほとんどありません。子どもたちに自国の文化や伝統を伝える仕組みがこの国にはないのです。

ただ、仕組みがないとしても、生まれたときから大人になっても使えるようなモノを職人の技術でつくり、それに触れる機会があれば、子どもは自然に文化・伝統を知り、感じることができるようになるのではないでしょうか。

生まれたときからそれらを知ることができる新しい仕組みを生み出すこと、それが私たちが目指していることでもあります。

私たちの究極の目標は、文化と経済のバランスがしっかりと保たれた「文化経済大国日本」を皆さんと共に実現することです。たとえば、茶道もワインも、紅茶もコーヒーもすべて文化です。人間が生命維持のために液体を飲むだけなら、コップは1つでいいはずですが、ワインでも、赤ワインと白ワインとでグラスが違うように、それぞれの飲み物の文化ごとにさまざまな種類があります。

なぜ、たくさんのグラスやカップが存在するのか。それは、先人が築いた文化を後世が大切に育んできたからです。文化があるからこそ経済が育まれ、そこからさまざまなものが生み出されてきました。そしてその経済が文化を育ててもきました。

現在はその経済がいきすぎて、文化への再投資が少なくなっています。そのために、いろいろな問題が起きているのではないかと、私たちは考えています。

モノをつくる企業ではなく、伝える企業

誤解を恐れずに言うならば、和えるは、「モノをつくって売る」企業ではありません。ジャーナリストのように、「伝える」企業です。きちんと伝えた結果として、モノが売れてお金になり、職人さんの仕事が増えて雇用が生まれる。雇用が生まれれば地域に若者が戻り、地域の活性化にもつながる——そうしたサイクルを生み出す「伝える」企業なのです。

ですから、関係者や職人さんたちとの交流はとても重視しています。たとえば、幼児用のコップをつくるなら、「コップを使いはじめる2歳児がしっかり持つことのできる、取っ手のないコップ」といったコンセプトを、和えるが最初に考えます。次に、デザイナーにそのコンセプトを伝え、形状をデザインしてもらいます。

最後に、各地の職人さんのところに私たちが赴いて、それぞれの職人さんの技術を活かせるように商品化します。たとえば、津軽塗りの中の唐塗りとななこ塗りの技法を使うとしたら、その表現範囲はどこまでかといったようなことを、職人さんに相談しながらつくっていくのです。

職人さんたちも「いいね、面白いね。子どものために頑張ろう」と言って、張り切ってつくってくれます。職人さんも面白いものをつくりたいし、新しいモノづくりに挑戦したいし、誰かの役に立ちたいと思っているのです。そして、実際に製品を使ったお客さまの声を、職人さんに届けると、「自分がつくったものをそんなに喜んでもらえるのはうれしい」と、ますますモノづくりに熱が入ります。

このように、誰のために、どういうモノをつくっていくのかという

ゴールを和えるが設計し、デザイナーさんや実際にモノをつくる職人さんと、スタートからゴールまで伴走してつくりあげていく、これが和えるのモノづくりです。

ゴールを共有していると、出てきたデザインに「ここは使いづらいのでは」「この部分は変えてください」など、率直に意見を交換できます。誰のアイデアか、誰がデザインしたかではなく、それぞれの知見を和えることで商品が生まれるのです。

日本の伝統と文化の魅力——これはすぐに伝わるわけではありません。時間をかけながらジワジワ伝わっていくものです。20年後の社会を見据えて、ゆっくりでもいいから事業を成長させ、20年経ったときに、「和えるが理想としていた文化経済大国日本はこういう姿だったんだね」と思ってもらえるように頑張りたいと考えています。

和えるは、赤ちゃん・子ども向けの伝統産業品（伝統工芸品）という、これまでにない新しい商品、そして新市場を創造したことが評価され、和えるの商品とビジネスモデルはグッドデザイン賞をはじめさまざまな賞を受賞しました。

さらに、テレビや新聞、雑誌など各種メディアで紹介いただくことも増え、創業年は1年間で

12件だったメディア掲載が2013年頃から増えていき、2014年以降はだいたい月に10件以上、15年7月には21件も紹介していただきました。

どこまでも文化を感じ、楽しんでもらう

和えるの商品の多くは、子どもたちの役に立つもの、子どもたちの感性の成長を促すものです。購入されたお客さまの多くが「子どもの反応が明らかに違う」と言い、お子さん自身も「本当に持ちやすい」とか、「飲みやすい」と言っているそうです。

実際に使ったお子さんが素直な反応で喜びを伝えてくれる。これが、伝統産業の持つひとつの力なのだと思います。自然由来のものを使い、それを人が心を込めてつくるという、目に見えない魂が込められた商品だからこそ、こうした反応が生まれてくるのです。

こうした体験をさらに推し進めるために、現在、「aeru room」というホテルの一室を和えるがプロデュースする仕事が始まっています。ホテルの部屋の中を伝統産業品で構成し、そこに泊まってもらおうという試みです。

ただ泊まる場所ではなく、不思議と心が落ち着く場所。そして地域の伝統と魅力がぎゅっと詰まった部屋。そんな部屋に宿泊することで、その地域を、そして日本を体感してほしいのです。

来年には、「aeru oatsurae」という一点物をつくるという新規事業も予定しています。たとえば、鞄が欲しいという人に、せっかくならば世界に1つしかない鞄をつくれたら楽しいですよね。けれども、いろいろな知識がないと、自分の理想の鞄をつくりあげることはできません。

お誂え事業では、素材選びからデザインのイメージまで、お客さまが欲しいと思うモノをつくるお手伝いをします。そして、お誂えは普段の仕事とは異なるため、職人さんにとっても技術を磨くいい機会となります。オーダーというのは、ある種、文化を楽しむということでもあるので、私たちと一緒になってそれを楽しんでいただけたら嬉しいです。

子どもが日常的に使うモノをすべてつくっていくというのが和えるの目標ですから、47都道府県の職人さんと協力しながら、5年後には100商品くらいに増やし、子どもたちの日用品を揃えていきたいと考えています。また、オンラインショップや東京直営店aeru meguro、京都直営店aeru gojoでも、それぞれの魅力を伝えていきたいと思います。

私たちがやるべきこと

先に述べたように、私は文化と経済のバランスがとれた日本で暮らしたいと思っています。ですから、そんな日本に近づくような事業を1つずつ増やしていこうと思っています。

利益を出すことは、事業を継続していくうえではとても大切です。けれども、それが目的になってしまうと、とても生きづらい社会になるように感じます。利益を出すことは、ビジネスをするうえで最低限の当たり前のことであって、そこがゴールではありません。

現代では、多くの人がこのままの日本社会でいいのかな、と感じているように思います。それに対して、日本が次に進むべき道を指し示す役割を、これからの日本を担う20代、30代が果たさなければならないと思うのです。

21世紀に生きる私たちがやるべきことは、これまで先人たちが積み上げてきたモデルのどこを受け継ぎ、どこを変えればもっと魅力的な社会になるのかを考え、行動することです。

そのためには、いい意味で日常の中で疑問を感じることが重要であり、自分の想いに素直に生きることが大切だと思います。

私たちだけががんばっても、できることには限りがあります。ですから、同じような想いを持つ皆さんと一緒に、魅力的な21世紀の暮らし方を創っていければ嬉しいです。

フェアトレード　環境・3R

かわいいキャラクターと強固な理念がつくりだす「社会を変えるアイスクリーム」

ベン&ジェリーズ

point 1
社会的使命も大切にする独自の企業理念

point 2
社会的取り組みの成果検証と発信

point 3
ユーザーのロイヤルティに合わせた価値訴求

ベン&ジェリーズ

設立	1978年5月 （2000年にユニリーバが買収、 日本ではユニリーバ・ジャパンが展開）
資本金	非公開
従業員数	非公開
所在地	東京都目黒区上目黒2-1-1 中目黒GTタワー
URL	http://www.benjerry.jp/
商品	ベン&ジェリーズ

社会を変えるためのアイスクリーム事業

ベン&ジェリーズは、1978年にアメリカで生まれたプレミアムアイスクリームのブランドで、その特徴は"chunks and swirls"にあります。「chunks(チャンクス)」はチョコレートやクッキーなどゴロゴロとした大きな具、「swirls(スワールズ)」はジャムやペーストなどのソースのことで、ベン&ジェリーズはそれらがたっぷり入った「噛んで食べる」アイスクリームなのです。

ブランドコンセプトは「共存共栄」。常に環境に配慮し、自分たちや購入者だけでなく、原材料を供給してくれる生産者や酪農家、そこで飼育されている牛や鶏までもがハッピーになれるようなビジネスの仕組みを追求しています。

最もわかりやすいのは、原材料にフェアトレード認証を受けたものを積極的に利用していることです。ベン&ジェリーズはアイスクリームとして日本ではじめてフェアトレード認証を受けたものなのです。

また、アメリカでは、「ケアリングデアリー」という酪農プログラムを立ち上げており、物流の無駄をなくすといった、酪農家に対する各種支援を通して

ユニリーバ・ジャパン・カスタマーマーケティング株式会社
ベン&ジェリーズ・ジャパン　ブランドマネージャー
浜田宏子氏

環境への負荷を下げるように努めています。こうした取り組みを行うのは、牛乳を大量に使う私たちのアイスクリームビジネスで排出される二酸化炭素の約半分が酪農由来だからです。

私たちは、このような取り組みやプログラムの実践結果がどうだったのかを計算して、数値化し、それを年に1回、レポートという形で公開しています。このような手間をかけて数値を公表するのは、お客さまが私たちの取り組みを理解し、事業活動をサポートしてもらうのに必要なことだと思っているからです。

ベン&ジェリーズの究極の目標は、ブランドの力、商品の力を使って、人々に社会的課題に対する関心を持ってもらい、お客さまの参加・協力のもと社会を変えることです。

世の中には地球温暖化や貧富の格差、人々の権利（LGBT）の問題など、本当にさまざまな問題があります。そうした問題をなくしていくために、商品と絡めながら「選挙に行ってアイスをもらおうキャンペーン」といったイベントなども行っています。

ソーシャルブランドのユーザー構造

アメリカでの売り上げデータを見ると、全人口の1パーセントほどの購入者がアメリカでの売り上げの約半分をつくっています。非常にロイヤルティの高い人が、年に何度も私たちのブランドをあえて選んで購入してくれているのです。つまり、ベン&ジェリーズを支えているロイヤルティの高いユーザーが、私たちのビジネスの全体をつくっているということです。

もちろんコアなファンは、単にアイスクリームが好きというだけではありません。ベン&ジェリーズのさまざまな活動に共感し、サポートしてくれている人々です。本当に深い部分まで価値観を共有しているお客さまはそれほど多くはないかもしれませんが、「ベン&ジェリーズが常に社会に対して何かを働きかけ、しかもそれが斬新でプロボカティブ（挑発的）なため、雑誌やヘッドラインニュースで取り上げられている」と認識している人はたくさんいます。

商品としてのアイスクリームだけではなく、その社会的な活動も、ベン&ジェリーズのファンにとっては非常に大きなバリューというわけです。

ですから、「単に美味しいだけではない」ということをいかに伝えていくか、常に模索しています。たとえば、他にはない、ベン&ジェリーズならではの体験・活動を提供し、そこでアイスクリームを食べてもらえば、それは記憶に残るでしょう。基本的にアイスクリームは食べて楽しくなるものですから、楽しい記憶として体験や活動とブランドが結びつけば、心に残る「何か」が生まれます。それをいかにつくりだしていくか、常に考えているのです。

まず「注目してもらい、食べてもらう」アプローチ

ブランドとしての歴史があり、認知度も高いアメリカでは、先に触れたように社会的取り組みの発信や社会性の高いアクションの展開を積極的にやっています。ですが、日本では同じようにはしていません。というよりもできないのです。それは、日本には、社会企業家のようにベン&ジェリーズのことをその取り組みまで含めてよく知っている人たちと、まだ食べたことがなく、名前すら知らない人たちの両方がいるからです。

後者には、それこそまず「知ってもらう」「食べてもらう」必要があります。たとえば、ティーンエイジャーから20代前半くらいの若者に「牛がかわいい」「牛のアイス」と認識してもらい、しかも「食べたら美味しいじゃん」と思ってもらうだけでも、最初

のステージは十分かもしれません。

　この「まず注目してもらい、食べてもらう」というのは、どこの国に進出する場合でも同じようにやっています。特に日本は「かわいい」の文化があるので、キャラがかわいければ手に取ってもらうことができます。アイスクリームだけでなくグッズも販売するなどして認知を上げていき、食べたらおいしいアイスクリームだったのでちょっと調べてみたところ、会社が実はすごくいい取り組みをしていた。かわいいパッケージなのでよく見たらフェアトレードだった。

　そういうふうに小さなことをきっかけに、ブランドを知ってもらい、知ってもらったら社会的な部分をしっかり伝える。このようにして、徐々にお客さまとのエンゲージメントを深めていく必要があります。ソーシャルなことに意識の高いグループとまだそうではないグループがあるので、コミュニケーションでは相手を意識してその方法を変えることが重要です。

「インタラクティブなコミュニケーション」と「継続」がブランドをつくる

お客さまにブランドを広く知ってほしいというのはありますが、私たちはマスのメディア広告を多用しません。認知を広げる方法として基本的にとっているのは、ブランドアクティベーションといわれるイベントやアイスクリームを楽しく食べられるスクープショップ（路面店）、各種SNSなど、お客さまとのインタラクティブなコミュニケーションを可能とする手法です。

たとえば、お客さまへの感謝としてアイスを無料提供する4月の「フリーコーンデー」では、2015年は初年度の3・5倍の約17500人のお客さまが来店してくれました。フェイスブックの「いいね」をしてくれた人も合計で約800万人となるなど、これらのコミュニケーションツールによって着実に認知が拡大しています。

社会的取り組みをしているブランドだからこそ、私たちはワンウェイコミュニケーションよりもツーウェイのインタラクションを重視しています。それがユーザーとの密な関係性をつくっていくものだと考えているのです。

お客さまとの関係構築でもう一つ大切なことは、継続することです。たとえば無名のブランドで「少し前に立ち上がりました。私たちはこんなにいいことをしています」と言っても、「本当？1回やっただけじゃないの？」などと、にわかには取り組みを信じてもらえないかもしれません。完璧ではないにせよ、36年間、いろいろな社会的活動・取り組みを行い、積み上げてきたものがあるからこそ、信じて共感してもらえるのです。

企業にはビジネスで得た利益を社会に還元する責任がある

当然のことながら、私たちは「社会を変えたい」ということにだけフォーカスして事業活動をしているわけではありません。ビジネスとして、商品に対する使命と経済的使命も持っています。メーカーであるからこそ、美味しくて品質のよい、安全・安心なものを最高の状態でお届けするという商品に対する使命です。それがなければビジネスは始まりません。

そして民間企業ですから、売り上げ・利益もきちんと得なくてはなりません。それらが揃ってはじめて、事業活動を継続していくことができるのです。ここで改めて強調したいのは、経済的使命だけを追求するのであれば普通の企業となんら変わらないということです。そこに私たちがソーシャルミッションと呼んでいる社会的使命が加わるからこそ差別化できるのです。

そして、お客さまが最終的に共感してくださるのは、私たちが私たちであるゆえの独自の企業理念があるからです。創業者のベンは「企業はビジネスで得た利益を社会・コミュニティに還元する責任がある」、ジェリーは「楽しくなければやる意味ないよね」と言います。社会に何ができるかを考えるのがベン&ジェリーズのミッションですから、それをどう楽しく行っていくか、今後も模索していきたいと思っています。

オーガニック

小売業の使命は、
時代に合わせて
お客さまのニーズに応えること

イオントップバリュ株式会社

point 1

▼

大手小売業が仕掛ける“ソーシャルな”プライベートブランド

point 2

▼

多様化する顧客のニーズに応える店づくり

point 3

▼

海外の動きに見る日本の「ソーシャル」の将来

イオントップバリュ株式会社

設　立	2007年5月
資本金	5億7,225万円
従業員数	非公開
所在地	千葉県千葉市美浜区中瀬1-4 イオンタワー Annex
URL	https://www.topvalu.net/
商　品	「トップバリュ グリーンアイ」 オーガニックシリーズ

自然環境と向き合い、人・地球・社会が幸せになるプライベートブランド

1993年に、「安全・安心」と「自然環境への配慮」にこだわった商品を取り扱うために立ち上げたプライベートブランド、それが「グリーンアイ」です。イオンは1974年にプライベートブランドのルーツとなる商品を発売し、前述した「グリーンアイ」などのブランドの統合を経て、現在の「トップバリュ（TOPVALU）」へと進化させてきました。

そして、2014年の10月に「もっと幅広くオーガニック商品を提供しよう」との想いから、従来の「グリーンアイ」をベースに開発したのが「トップバリュ グリーンアイ」オーガニックシリーズです。このシリーズでは、新たに開発した有機食品58品目を加えた120の商品をいっせいに発売しました。

品目数は、2015年5月末の時点で148品目と順調に増えており、なかでもグロサリー部門は品揃えを拡充したことで、前年比400％を超える売り上げ実績となっています。

一方、価格については「黒烏龍茶」が119円（本体価格）、「ドレッシングオリーブオイル・バルサミコ酢」が458円（本体価格）など、多くのオーガニック商品を手頃な価格で提供しています。

このようなお買得価格を実現することができたのは、私たちが利益を無理に抑えたからでも、取引先に安い仕入れ価格を強要したからでもありません。商品の設計から品質管理・生産管理まで長年にわたって培ってきた商品開発のノウハウをフルに活用すると共に、物流網をはじめとするイオンのインフラを活用し、流通コストの削減を行ってきたからです。

なお、「トップバリュ」では、「トップバリュ グリーンアイ」オーガニックシリーズだけでなく、フェアトレードや持続可能な漁業の認証商品（MSC、ASC認証商品）なども販売しています。

このように、環境や人、社会への配慮がなされた商品の提供を持続可能なビジネスとして成功に導くことは、私たち小売業の使命でもあると考えています。お客さま、生産者、取引先、そして私たちイオンの三者がウイン－ウイン－ウインになれるよう、こうした商品を提供しているのです。

イオントップバリュ株式会社
顧問
仲谷正員氏

多様なお客さまの声に応える品揃え

日本のオーガニック商品のマーケットは、現在のところ成長過程にあり、いずれはアメリカやEUのような巨大なマーケットになると考えています。

イオンは、オーガニック商品を求めるお客さまの要望に応えるため、今後も「トップバリュ グリーンアイ」オーガニックシリーズのラインアップの充実を図り、商品を提供していく計画です。

社会が成熟し、高齢化が進む現在、「安全・安心」や健康、地球環境などに関心の高いお客さま、あるいは社会をよりよくしたいと考えるお客さまは確実に増えています。

そうしたニーズに応えなければ、これから先、企業は生き残れないでしょう。お客さまのニーズを理解し、それに合わせた商品構成、店づくり、サービスを提供するなど、小売業は絶えず変わっていかなければなりません。

ここでひとつ注意したいのは、お客さまのニーズは一律ではなく、地域や店舗により違いがあるということです。それぞれのお客さまのニーズにきめ細や

イオントップバリュ株式会社
マーケティング本部ブランドマネージメント部
有本幸泰氏

かに応えるとともに、新しい商品やその価値をお客さまに伝えるコミュニケーションも大切です。

オーガニックにしても、イオンでもよく売れている店とそうでない店が存在しますが、いずれにしても、一店一店で品揃えやお客さまに対するコミュニケーションの仕方、内容を変えながら、お客さまの声に応えなければならないと思っています。

20年以上前に立ち上がった「グリーンアイ」がここまで成長できたのも、お客さまに育てていただいたからです。まったくニーズのない的外れなことをしていたら、おそらく成長は途切れ、この事業やブランドもなくなっていたかもしれません。

どんな商品や事業であっても、ある程度山や谷がありますが、取り組みが間違っていないかどうかのバロメーターは、長い目で見た売り上げや販売数量、お客さまの声ではないでしょうか。

海外の動きにも注目──日本の将来

海外には、オーガニックなどに積極的に取り組んでいる大手小売業のプライベートブランドがたくさんあります。まったく同じではないにしても、消費が成熟している欧米、特にイギリスやアメリカのマーケットは、日本の将来を映すものとして参考になります。

欧米は安全や健康に対する意識が高く、特にアメリカでは、直近の10年間でオーガニック農産物市場が毎年20％ずつ拡大しています。オーガニック市場全体も、この12～13年で4兆円規模にまで急激に伸びています。

一方、アセアンや中国でも、健康・安全という視点からオーガニック商品は伸びています。特に上海や香港、シンガポールといった地域では、今後もさらに大きく成長していくと考えられます。そうした動きにつられて、日本のマーケットも、よりも拡大していくと思います。

ちなみにアメリカで急速にオーガニックビジネスが伸びている理由のひとつに、オーガニックがひとつの産業になっていて、生産から商品の確保、認証などあらゆる情報を一元管理するオーガニックトレード協会（ＯＴＡ）という組織がインフラとして存在することが挙げられます。

ＯＴＡでは、原料のサプライヤーや製造業者、小売業者などのあらゆる情報を持ち、公開・共

有しています。ですから、自社が展開する事業に合わせて、他社にアプローチしたり、バリューチェーンを組み立てたりといったことが自由にできるのです。

オーガニック商品に関していえば、アメリカは、単にオーガニック商品をつくる時代からマーケティング競争の時代に突入していると思います。

インフラは十分整備されてきていますから、いつでも原材料を調達して自分たちで小分けし、ブランドとして展開することができます。そうなると、原料や中身の違いといったステージから一段階上がり、パッケージのデザインや情報伝達といったコミュニケーション等の競争が生まれ、それらが全体的に洗練されていくのです。

ここまでくるとマーケットが一気に活性化し、オーガニックは生活の間にどんどん浸透していきます。

アメリカの例を挙げましたが、こうしたことは、何もアメリカだけのことではありません。ＥＵやオーストラリアもオーガニックには力を入れており、自国の政策を実現するために、行政だけではできない部分を下部組織やマーケティング会社等と契約して事業環境を整備しています。日本においても、早くそうした動きが出ることに期待したいものです。

買い物を通じて、未来は変えられる

1993年に「グリーンアイ」を立ち上げてから22年経った現在、社会は当初想像していた方向に向かっています。今後はそれを皆さまともっと深め、発展させていくことで、お客さまの満足度をさらに上げ、持続可能なビジネスとして実現することで社会的責務も果たしていきたいと考えています。

私たちは「買い物を通じて未来は変えられる」ということを、これからも発信していきます。

※ここに記載されている内容は、品目数・価格も含めすべて2015年7月の取材時のものです。

地域活性化

地元密着企業として
地域活性化の一翼を担う

株式会社九電工

point 1
地域に根差した大企業の地域貢献ビジネス

point 2
地域のさまざまなプレーヤーが参加して盛り上げる地域ブランドづくり

point 3
地域の一員でもある社員を顧客として取り込む

株式会社九電工

設立	1944年12月
資本金	79億188万円
従業員数	6,005名
所在地	福岡県福岡市南区那の川1-23-35
URL	http://www.kyudenko.co.jp/
商品	地域ブランド 「天草オリーブ園 AVILO」

６次産業化のモデルづくりに挑む

九電工は配電、電気、空調管工事を主とする会社で、九州に１１８の営業所がある地域密着企業です。地域の方々のおかげで成り立っている企業ですから、何か地域のためにできることはないかと考え、九州の基幹産業のひとつである農業を通じた地域の活性化に着目しました。

日本の農業は、高齢化や後継者不足などによって耕作放棄地が増大するという課題を抱えています。これは中山間地や離島が多い九州において顕著です。その九州で、衰退する1次産業を活気づけるにはどうしたらいいのかを多方面から検討した結果、耕作放棄地等を有効活用したオリーブ栽培を行うことにしました。

栽培品目としてオリーブを選んだ理由は５つあります。

まず、健康と美容にいい素材であり、加工品としての可能性の幅が広いこと。２つ目は、国内需要が年々増加傾向にあるにもかかわらず国産品がほとんどなく、輸入品に頼っていること。３つ目は、オリーブは果樹の中でも比較的

株式会社九電工
オリーブ事業推進室長
越場克樹氏

手間がかからず、１００年以上収穫できること。４つ目は、オリーブには地中海周辺の温暖な地域で育つものというイメージがあり、平和の象徴ともされていることから、観光資源としても活用できることです。そして最後は、既存の農家との共存が可能なことです。特に、九州にはほとんどオリーブの生産農家がいないため、競合しません。

そうして立ち上げた九州天草発の地域ブランド「天草オリーブ園ＡＶＩＬＯ」は、「健やかで美しく」「オリーブのように生きる」をコンセプトに、ライフスタイルの提案をしています。

商品としては、食用ではエクストラバージンオイル、化粧品ではオリーブの美容オイルなどに力を入れています。

当初より、栽培・加工・販売を行う6次産業化（1次産業：農業＋2次産業：加工業＋３次産業：流通業＝６次）のモデルづくりを目指していたため、２０１０年3月末に天草にオリーブを植えるのに先んじて、同月11日にはベイサイドプレイス博多内に店舗を設けました。

当然ですが、この時点では天草産オリーブの商品がないため、外国産や小豆島産のオリーブ商品を置いてのスタートです。

オリジナル商品もないのに店舗をつくるという思い切った試みでしたが、リアル店舗の開設は、オリーブオイルとオリーブ関連商品をお客さまに支持していただけるかを調査するテストマーケティングの意味合いもありました。そして何よりも、６次産業のモデルをつくりあげるという強い志のもと１次と３次を同時にスタートしたのです。

共同研究してくれる農家を募り、新たな耕作放棄を防ぐ地道な活動

オリーブ事業を農家の収入アップと地域の観光資源として活用するためには、直営農場だけではなく、地元農家にも共同研究者として参加してもらう必要があります。

しかし、これには大きな障壁があります。オリーブは、食用から化粧品までさまざまな用途のある果実ですが、潤沢に果実を収穫できる成木になるのに10年ほどかかります。つまり、収入が得られるようになるまでにそれなりの年月がかかるということです。

実は、天草では50年ほど前にもオリーブが植えられましたが、当時は収益の高かった柑橘類に押され、途絶えてしまいました。過去にそのようなこともあり、弊社と一緒にオリーブ栽培を試みようという農家はそれほど多くはありませんでした。

そこで、農家を訪ねては「野菜や果物を栽培するかたわら、畑のすみにオリーブを植えませんか」「オリーブ専業である必要はありません」と説明したり、耕作をやめようという農家には「ちょっと待ってください。お手伝いしますから、オリーブを植えてみませんか」とお願いしてまわっています。

一度耕作放棄地にしてしまうと、再び耕作地にするためには放置した以上の年月を要します。ですから、そうなる前にアクションを起こすことが大切なのです。

オリーブ栽培を始めてからまだ5年しか経っていませんが、年々、実は大きくなり、共同研究する農家も増え、収穫量も多くなっています。そして、何よりもオリーブそのものの味が若木のときよりも安定し、美味しくなってきています。

地元の高校生も、飲食店も、自治体も、地域をあげて取り組む活性化

オリーブ事業を進める中、うれしい出来事がありました。地元の高校生や飲食店がオリーブを

使った商品や技術開発に積極的に取り組んでくれたのです。地元の水産高校はオリーブオイルを使った地魚の缶詰、工業高校は小型搾油機、農業高校は地元飲食店と共同で、天草島に5000頭はいるといわれている猪の肉とオリーブオイルを使ったジビエ冷凍食品の開発です。

ジビエ冷凍食品はすでに完成し、天草オリーブ園のショップでも販売しています。また、小型搾油機については、実用機完成を目指して改良を重ねているところです。缶詰は、残念ながら天草に缶詰工場がないために試作品の段階に留まっていますが、今、天草に缶詰加工場をつくれないかを天草市と相談しています。

また、天草市には2011年に、オリーブ振興係という部署ができました。天草市オリーブ振興協議会も、毎年「天草オリーブグルメフェア」を開催し、地元の飲食店が考案した地元食材とオリーブを使った料理を提供しています。天草エリア全体でオリーブ振興を真剣に考えている——これは私たちにとって大変な励みになりますし、もともと思い描いていた活力のある地域づくりです。

オリーブの収穫祭で地元の高校生に話を聞く機会があったのですが、彼らのほとんどが卒業後は天草を離れてしまいます。なぜなら、天草には大学がなく、雇用機会も少ないからです。しかし、オリーブ事業が起爆剤となり地域経済が活性化すれば、彼らの一部は島を離れずにすむかもしれません。これは、これからの挑戦といえるでしょう。

国内オリーブは発展途上の分野です。今はエクストラバージンオイルなどの食品や化粧品、健康食品などしか流通していませんが、それらとは異なる分野の商品も開発できるかもしれません。そうなれば、栽培、加工、流通の厚みが増し、雇用の面でもさらに可能性が広がるのではないでしょうか。

地域の企業だからこそできること、すべきこと

「天草オリーブ園ＡＶＩＬＯ」の会員数は４万５０００人を超え、昨年度の売り上げは、小規模ながら１億７０００万円を超えることができました。初年度は、植樹した当社直営オリーブ２０００本からわずか1・7キログラムしか収穫できなかったオリーブ果実も、昨年度は直営と共同研究農家合わせて2トン収穫し、１２０キログラムのエクストラバージンオリーブオイルを搾油することができました。

まだ、初期投資を回収するところまではいっていませんが、オリーブの木はこれからも成長しますので、これから先、収穫量・搾油量はさらに増えていくことでしょう。

今、最も期待しているのが「天草オリーブ園」の存在そのものです。２０１4年7月に「天草オリーブ園」は、オリーブ園散策、オリーブオイル手搾り体験、オリーブオイルテイスティング

などができる観光体験農園としてグランドオープンしました。これにより、天草エアラインや地元ホテル・飲食店と天草オリーブ園がコラボすることが可能となり、さまざまなツアーやイベントを企画できるようになりました。

来園者数も、観光農園になって20倍も増えました。農園があるから、栽培現場に来て体験してもらうことができ、そこでオリーブファンとなり、口コミが広がっていきます。

6次産業化を進めるうえで最も難しい販売については、多額な広告宣伝に頼らず、地域密着企業である九電工の社員が天草オリーブのファンとなり、そのすばらしさや社会的意義を家族や地域の方々に伝えていってくれています。

この地道な活動が地域と一体となった活動に発展し、地域活性化へと繋がっていくものと確信しています。

地域活性化　オーガニック

強い地域づくりのための「多様性」と多様性を生み出す「ローカルブランド」

株式会社地域法人無茶々園

point 1

オーガニックとローカルを掛け合わせた価値創造

point 2

田舎の戦略的活用と多様性による強い地域づくり

point 3

基本的なマーケティングの実践

株式会社地域法人無茶々園

設　立	1993年8月
資本金	6,000万円
従業員数	27名
所在地	愛媛県西予市明浜町狩浜3-134
URL	http://www.muchachaen.jp/
商　品	yaetoco

地域づくりのための〝田舎の総合商社〟

目の前に宇和海が広がる愛媛県明浜町には、600年ほど前から連綿と受け継がれてきた段々畑があります。イモ・麦の栽培、養蚕が盛んだったこの土地でミカンが栽培されはじめたのは、昭和30年頃のことでした。当時は大量生産を目指す経済栽培で、農薬も化学肥料も大量に使っていました。

そんな中、経済栽培に疑問を抱いた3人の若者、斎藤正治、片山元治、斎藤達文がお寺の横の畑を借りて、無農薬でミカン栽培を始めました。これが無茶々園の始まりです。

彼らは、当初から田舎のあり方、農家のあり方を見直し、最終的には自分たちで商品に値段をつけて、自分たちで売ることを目標としていました。第三者に情報管理や価格決定を任せてしまうと、生産者は生産だけやっていればいいという思考停止状態に陥ってしまう――それでは、田舎に未来はないと考えたのです。

そして、たどり着いたのが有機農業でした。有機農業ならば環境破壊をする

株式会社地域法人無茶々園
ブランドマネージャー
高瀬英明氏

ことなく、安全な食べ物の生産を通じて、「誰もが安心して暮らせる街づくり」「自立した百姓、自立した地域づくり」が可能だからです。

生産している温州みかんは有機ＪＡＳの基準レベルですが、一地域80軒の農家（農事組合）が集まって有機農法を実践しているのは日本でも珍しく、そこで生産から商品開発、販売までを担う無茶々園は地域づくりの団体ともいえます。

地域法人無茶々園の「地域法人」には、地域づくりをしたい、地域丸ごとを会社みたいにしたいという想いが込められています。まさに「地域づくりのための田舎の総合商社」なのです。

「ローカル」をブランドとして活かす

無茶々園が展開しているオーガニックコスメが「yaetoco」です。ミカンはきれいで形がよくなければ売れません。しかし、有機栽培ではどうしても皮が汚くなることがあります。品質は良くても見た目が悪ければ、売り物にはならないのが現実です。そうしたミカンはジュースなどの加工品にするのですが、そのときに出る果皮はゴミになります。

ミカン30トンのうち20トンがゴミ――これをなんとかできないか、と考えてできたのが、柑橘類の皮から抽出したアロマを配合したブランド「yaetoco」です。

最初にできあがった製品は、エッセンシャルオイルでした。しかし、特定の販路でしか販売しなかったこともあり、売り上げは年間で100万円ほどにしかなりませんでした。

これではいかんということで仕切り直して、もともとマーケティング畑にいた私が担当することになったのですが、いろいろ調べてみると、エッセンシャルオイルでは市場が狭すぎることがわかりました。

そこで、無茶茶園でつくった原材料を使うという部分はそのままに、フェイスケア、ボディケア、バスタイム、アロマグッズの4つのカテゴリーに商品のラインナップを広げることにしたのです。

ちょうどそのころ、「ローカルデザイン」が注目されはじめていました。明浜はれっきとした〝田舎〟ですから、これを利用しない手はありません。

戦略としての田舎っぽさとオーガニック、この2つをアイデンティティに「明浜という景色が見えるオーガニックコスメ」が完成しました。ブランド名も、面白いし、響きもいいということで、地元の秋祭りの「やーえーとこー（ここはいいとこだよ）」という掛け声から「yaetoco」に決めました。

2015年で4年目になりますが、売り上げでいえば、初年度は400万円、2年目は2300万円、そして昨年度は5000万円と順調に伸びています。事業的にも雇用を増やしながら、収支トントンにまでくることができました。

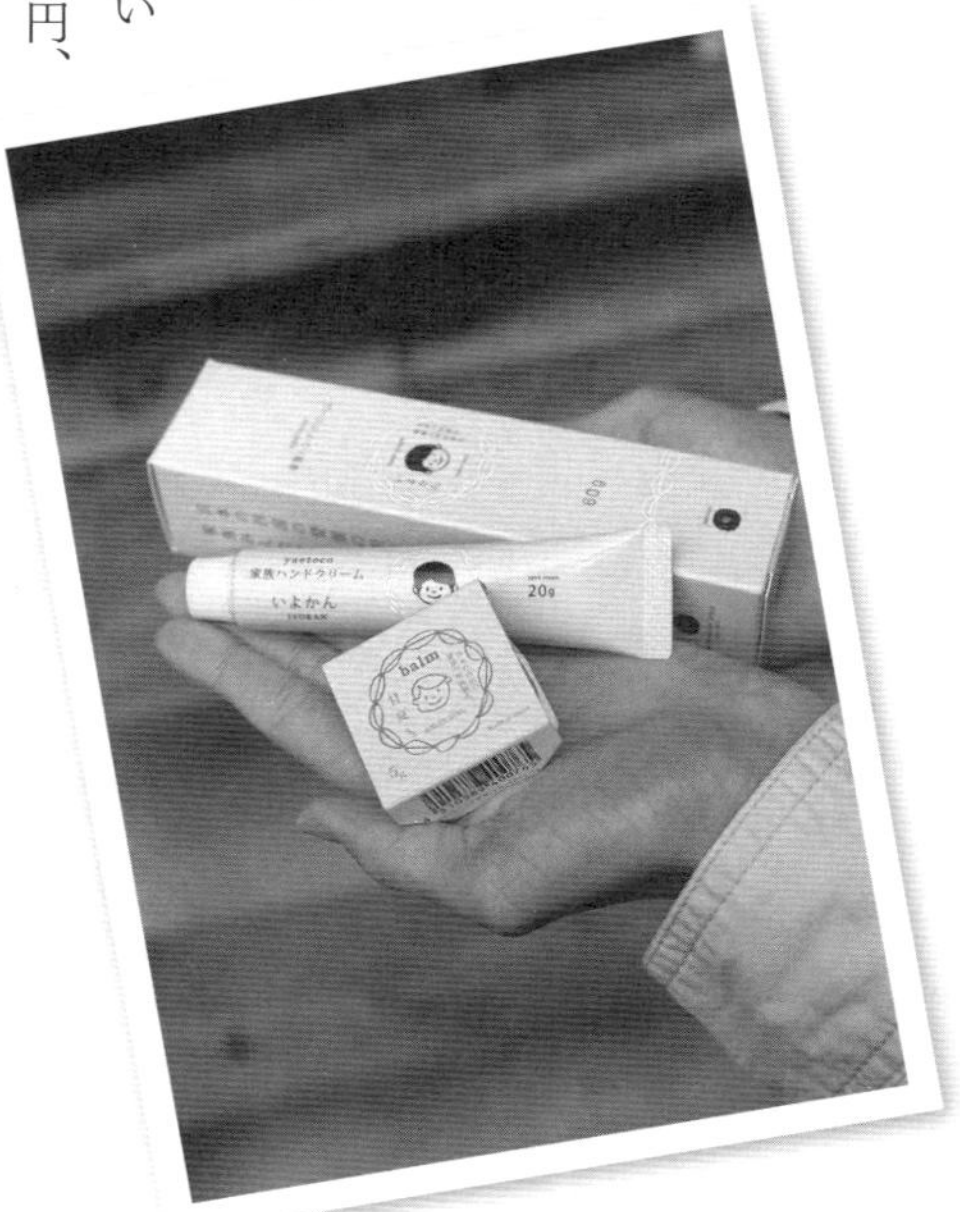

マーケティングの基本の「基」だけでも

私は「yaetoco」を始めるとき、うまくやればある程度はいけるのではないかと思っていました。

オーガニックコスメ市場は、2000年代の前半くらいから拡大しはじめた比較的新しい市場です。当時は化粧品市場2兆円のうち600億円程度の規模でしたが、業界では2000億円くらいまでは伸びるだろうと予測されていました。それならば、無茶々園にはオーガニックの原材料という強みがあり、ローカルデザインという風も吹いていたため、「いける」と思ったのです。

ところで、「yaetoco」がそこそこ順調に4年目を迎えることができたのは、運がよかったというだけでなく、マーケティングをきちんと考えたからだと思っています。もちろんマーケティングといっても、それほど本格的なことをしたわけではありません。外部環境と内部環境の整理、自社の強み・弱み、4Pを検討したくらいですが、基本に忠実に、これらを検討するだけでも、ターゲティング（顧客設計）やプライシング（値付け）に対する意識などが変わります。

それらがきちんと設計できていれば、あとは想定する顧客にリーチするためにこの市場に行こう、この市場に行くためにこの展示会に出よう、この展示会に出るには費用がこれだけ必要だから補助金も申請して、このように原資をつくろう、となっていきます。

「プロの田舎者」と「多様性」が地域生き残りの鍵

前述したように、無茶々園が持つ大きな価値は「オーガニック」と「ローカル」の2つです。オーガニックの部分は少しずつ認知されてきましたので、今度はローカルの部分を強めていこうと考えています。

ローカルの部分は、今は「日本の四国の愛媛の明浜育ち」というキャッチフレーズ＝〝田舎という情緒的なもの〟だけしかありません。ただ、人は結局のところ実感を求めます。なので、最終的には無茶々園のミカン畑などでの作業や地元の人との交流といった、田舎ならではの体験につなげていきたいと考えています。そのために、観光や交流ができる施設をつくるのが、目下の目標です。

よく、農家民宿を趣味でやっているとしか思えないような田舎の施設がありますが、お金をいただくサービス業である以上、それに見合ったサービスを提供しなければいけません。演出としてのアットホーム感はいいですが、勘違いして甘えのアットホーム感になってしまうと、それこそ田舎のダメなところが出ることになってしまいます。

そうならないためにも、品質を限界まで高め、ここでしかできない、他ではできない独自化を実現する必要があります。私たちは「プロの田舎者」にならないといけないのです。

代表の大津清次も言っていますが、どんな時代が来ようと、どんな状況が生じようとも生き残るしぶとい地方になる。どんなときでも、そこに住んでいる人たちで自活できる地域づくりを私たちは目指しています。そのためには多様であることがとても重要です。

ただ残念ながら、多くの田舎で見つかる仕事にはほとんど多様性がありません。第1次産業、あるいはガス・水道・電気・福祉などライフライン関連の仕事ばかりです。私は、この偏り＝多様性のなさが、田舎が変化についていけない、疲弊する要因ではないかと思っています。

本当の強さを持つ田舎、自立した地域をつくるのであれば、農業だけではない多様性のある仕事をつくる必要があります。農業に紐づいていたとしても、加工品をつくって6次産業化すれば、仕事の幅はいくらでも広げることができるでしょう。

私たちが「yaetoco」という事業を展開しているのも、結局は自立した地域をつくるための仕事づくりであり、多様性づくりなのです。

「多様性」は無茶々園のキーワードです。その多様性を持たせるためにも、無茶々園はありとあらゆるものを通じて、これからもいろいろなことに挑戦し、さまざまな形で外部とつながっていきます。

障がい者支援　オーガニック

口腔ケア製品を通して、障がい者と社会の未来を拓く

株式会社トライフ

point 1

技術とビジネスモデルの両面でのイノベーション

point 2

点と点をつなげてつかむ、身近なビジネスチャンス

point 3

共感を呼び、未来を創る、想いの発信

株式会社トライフ

設　立	2006年8月
資本金	50万円
従業員数	3名
所在地	神奈川県横浜市中区北仲通3-33 関内フューチャーセンター
URL	http://www.oralpeace.com/
商　品	オーラルピース

革新的な商品とビジネスモデル

トライフが販売するのは、乳酸菌バイオテクノロジーをベースとする、口内の虫歯菌、歯周病菌、誤嚥性肺炎原因菌、口臭原因菌を殺菌するオーガニック口腔ケア製品の「オーラルピース」です。

この「オーラルピース」には2つの大きな特徴があります。ひとつは、優れた殺菌効果がありながら、水と植物由来の原料だけでつくられており、飲み込んでも安全な世界初の口腔ケア製品であるということ。もうひとつは、オーラルピースの生産と販売に、多くの障がい者が携わっていることです。特に生産だけでなく、販売の分野もというのが特徴です。

一般流通に加え、全国の障がい者就労施設が販売を担っており、彼らがオーラルピースを地域の高齢者などに1本売ると、200~350円の収入を得ます。これは、従来の障がい者就労施設における作業工賃と比べるとかなり高額です。

なぜ、こうした取り組みを進めようと思ったか。それは障がいのある長男を

株式会社トライフ
代表取締役
手島大輔氏

授かり、障がい者福祉の実態を調べるうちに、障がい者の低収入問題を知ることになったからです。

産業が空洞化し、消費人口が減るこの日本で、全国各地の働く意思のある障がい者の仕事は少なく、収入は低いという現状があります。今でも1カ月の平均工賃は、就労継続支援B型で14190円（厚生労働省「障害者の就労支援対策の状況　平成24年度平均工賃（賃金）の実績について」より）です。これでは、障がい者年金と合わせても、親の死後に経済的に自立するのは困難です。

こうした現実を知った私は、自分は何のために生きるのか、自分の使命とは何か、生きている間に自ら未来をつくりだせないか。そう考えるようになりました。

想いがあれば、点と点が線になる

障がい者の支援を目指して2005年に立ち上げたのは、イタリアの有機栽培ハーブ農場と提携してつくるオーガニック化粧品ブランド「アグロナチュラ」です。この事業では、障がい者就労施設への作業の委託と売り上げに応じた寄付モデルをつくり、運営事業体の株式上場に貢献できる規模にまで事業を成長させることができました。

一方で、商品を通じた寄付だけでは、問題に対して限られた関与しかできないというジレンマから、障がい者がつくった商品の販売を直接手伝うことで障がい者の収入を増やし、自立につなげる活動に取り組む「一般社団法人セルザチャレンジ」を仲間と共に設立するなど、障がい者の工賃向上に10年にわたって取り組んできました。

しかし、いずれも部分的な問題解決にはなっても、全国規模での継続的な障がい者の収入改善にはつながりませんでしたし、ボランティアや社会貢献だけでは生活していくこともできません。本業がリーマンショックで大きな打撃を受けて、一時は一文無しにもなり、支援活動を続けることが困難な状況にもなりました。

なんとか立ち直り、持続可能なビジネスと福祉の融合を模索していた２０１１年に、自分のブログを見た乳酸菌バイオテクノロジーの研究者である永利浩平さんが連絡してきました。九州大学等との10年におよぶ共同研究で、乳酸菌がつくりだす新しい抗菌剤「高精製ナイシン」を開発したとのこと。従来の合成保存料やアルコールに代わる保存料として、オー

ガニック化粧品への活用の可能性についての相談です。

正直言って、最初に話を聞いたときは、菌の発生を抑制する保存料としては使えるかもしれないが、オーガニック化粧品に配合しても、それが大きな購買要因にはならないだろうと思いました。

その後、その物質のことはしばらく忘れていましたが、あるとき、父が末期がんになりました。治療で抗がん剤を使うと、口の中に口内炎ができ、カビが生えるなど、口腔内トラブルに悩まされます。そのようなときには口腔用合成殺菌剤を使うのですが、嚥下機能が低下した父は合成殺菌剤を誤飲し、おなかを壊してさらに衰弱してしまいました。一般的な合成殺菌剤は、誤飲すると胃腸内の良い菌も殺滅して腹痛を起こしたり、下痢につながったりするなど、人間の健康にかかわる腸内フローラに悪影響をもたらすのです。

このとき、ふと「高精製ナイシン」のことを思い出しました。「高精製ナイシン」ならば、口の中のばい菌は殺菌するが、飲み込んでも消化されて平気なのではないか。また、口の中に増加したばい菌が肺に入ることで引き起こされ、1日300人以上が亡くなっている誤嚥性肺炎に対してもそれで何かできるのではないか、そう思ったのです。

世界中で高齢化が進む中、口腔ケア製品は成長分野です。しかし当時は「殺菌効果が高く、飲み込んでも安全な商品」はありませんでしたから、新しい発明によって新市場を創出できると考えたのです。

ただし、当初の「高精製ナイシン」は虫歯菌だけにしか効果がなく、歯周病菌や誤嚥性肺炎原因菌には効果がありませんでした。そこで抗菌範囲を広げる製剤の開発に着手し、1年の開発期間を経て、従来の合成殺菌剤と同等の効果がありながら、植物由来原料のみでつくった、飲み込んでも安全な口腔ケア用製剤「ネオナイシン」の発明と特許取得に至ったというわけです。

その「ネオナイシン」を配合して、2013年7月に発売した口腔ケア製品が「オーラルピース」です。水と植物原料のみで生産し、使用後も環境中の微生物などへの影響がなく、人や環境にやさしいサステナブルかつ革新的な商品です。

そして、このテクノロジーによる高齢者の健康維持・改善、それに伴う介護負担の軽減、全国の障がい者の仕事創出につながるものとして、バイオ×ソーシャルのビジネスモデルを思いつきました。

2015年9月現在で、販売代理店の障がい者就労施設は全国で150カ所を超えました。まだまだ規模は小さいですが、立ち上げて3年目の2015年は、前年比350%増の約7000万円の売り上げとなっています。

今後は、登山や宇宙飛行など、水のない環境での使用やペット用品への展開、オーガニック認証の取得、欧米を中心とした海外輸出、皮膚用製剤の開発等と新分野への参入を進めていく予定でおり、これから先も大きな伸びを見込んでいます。将来的には、弱者や環境にやさしい事業を行う、日本の新しいグローバル製薬企業として世界展開をしていこうと考えています。

声を上げることが力に

これまでいろいろなブランド・事業の立ち上げを手掛けてきましたが、大切なことは、自分の使命や実現したいことがあったら、オープンに声を上げてみるということです。1人でできることとは限られていますが、想いや取り組みへの共感が得られれば、仲間が現れ、未来は拓かれていくものです。

今はフェイスブックに移行しましたが、10年前から「トライ・マイ・ライフ　トライ・アワ・ライフ」（社名の「トライフ」はここから来ている）というタイトルで、福祉とビジネスの融合への挑戦を発信し続けてきました。それを読んでくれた人が共感し、プロジェクトを立ち上げる過程でも、そのメンバーたちがさまざまな場面で力になってくれました。そしてこの事業を支えてくれる仲間は日々増えています。

日本で障がい者手帳を持っている人は全国に約750万人、家族や身近な人まで含めると、関係者は3000万人くらいにはなると思います。大切な人のために、自分たちの未来をどうつくっていけばいいのか。世界中に同じことで悩んでいる人がたくさんいます。その仲間と共に、障がいを持つ子どもたちが、自分たちが死んだあとも安心して生きていける未来を自らつくりだす。「できるかできないか」ではなく、「やるかやらないか」。これがオーラルピース事業で目指していることです。

ソーシャルプロダクツは、商品そのものが社会的な課題を解決する価値あるものだと思いますが、一方で、コスト削減など、効率化を追求して価格競争力なども持たなければ、事業は存続できません。このバランスをとることはとても難しいのですが、存在理由と目的が多くの人の共感を呼ぶものであれば、その難しい問題も乗り越えていけると確信しています。

自分は何にコミットメントして生きるのか。その商品により何を実現するのか。それが多くの人の心を震わせるもの、さらに商品として革新的であり続けるものが、100年後も世界で通用する本物のソーシャルプロダクツになりえるのだと思っています。

フェアトレード　寄付

「共感」でつくる、強いブランド・強い企業

株式会社チチカカ

point 1
▼
企業としての使命を進化させてつくるビジネス

point 2
▼
社員やお客さまに共感を広げる仕組み

point 3
▼
海外にも通じる「ソーシャル」の価値

株式会社チチカカ

設立	1977年5月
資本金	9,900万円
従業員数	850人
所在地	神奈川県横浜市港北区新横浜2-2-3 新横浜第1竹生ビル
URL	http://www.titicaca.jp/
商品	ハッピートレードコレクション

使命を一歩進めて形にした「ハッピートレードコレクション」

チチカカは“For the world”（世界の文化をお客さまに伝えること）という理念のもと“Play COLORFUL! Share HAPPINESS!”をスローガンに、ペルーやメキシコなどのエスニックテイストを活かした洋服・雑貨を扱うアパレルメーカーです。

設立当初から10年くらい前までは、中南米の現地製品をそのまま輸入・販売していましたが、今ではその土地の伝統的な技術をベースに、日本のお客さまに合わせた商品の製造・販売をしています。

世界の文化を国・世代・ジャンルを超えてつなぎ、生産国の人たちと一緒に切磋琢磨しながら共に成長する、それがチチカカの使命です。その使命をさらに進める形で4年前に「ハッピートレードコレクション」事業を立ち上げました。

この事業をスタートしたのは、解決したい社会的課題があったからです。それは、経済的な困難に直面している中南米の多くのシングルマザーたちの問

株式会社チチカカ
取締役
木南仁志氏

題です。

彼女たちは制約も多く、十分な仕事にも恵まれていませんが、代々受け継いできたすばらしい伝統文化・技術があります。この伝統技術を使った仕事さえあれば、彼女たちは自分で稼いだお金で生活し、子どもを育てていくことができます。

「ハッピートレードコレクション」事業は、中南米の伝統文化をモチーフとして、現代の生活に溶け込むようにアレンジを加えて商品化する、弊社独自のソーシャルビジネス（社会的課題の解決とビジネスの両立をはかる事業）です。

具体的には、オリジナル衣料・雑貨のデザインを創り、それを現地生産者の伝統技術で具現化し、商品として日本や海外で販売しています。

この3年間で、ペルー、グアテマラ、メキシコ、ボリビアの9カ所の村で、約1600人の雇用を創出しました。さらに、生産地のミシン不足を解決するためのミシンの提供、公共トイレや電力不足を解消するためのインフラ整備に、総額4・5万米ドル相当を還元してきました。

原資は、ハッピートレードコレクションの売り上げです。売り上げの5％を「雇用機会の提供」「経済的自立支援」「伝統文化・技術の継承支援」に活用する。これがハッピートレードコレクション事業の大きな特徴になっています。

伝統文化・技術の継承支援では、刺繍・編み物教室を開いたり、刺繍糸の購入支援をしたりしていますが、それらを通じて生産の担い手が増え、伝統技術を守ることにもつながっています。ただし、こうした直接的な支援はいずれの地域も基本的に2年間とし、以降は彼女たちが自立して仕事ができるよう生産体制のサポートを行っています。それは、彼女たちが求めているものが支援ではなく、継続的な仕事だからです。途切れることなく継続的に仕事を提供していくことが一番大切なのです。

ハッピートレードコレクション事業は、開始後3年間で300％を超える売り上げ成長を実現、今後の3年間でさらに150％超の成長を見込んでいます。

共感を社内外に広げる「しくみ」

チチカカでは、社員と現地の人々とのつながりを大切にしています。2011年からは、年2回、選抜した数名の社員を生産国に連れていく「かけはし制度」をスタートしました。

それまでは商品を売ることだけを最優先に考えていた社員も、生産国の人たちが心を込めて商品に刺繍を施し、それが彼女たちの生活の支えになっている姿を実際に見ると、意識が変わります。たとえば、メキシコのとある村はシングルマザーの比率がすごく高いのですが、子どもがいるために外で働くことができない彼女たちの生活は、私たちが想像する以上に困窮しています。

このような状況下で、自宅にいながらも、自分たちの伝統技術を守りつつ、それを商品化することで食べていくことができることの仕事は、とても喜ばれます。

そんな姿に触れて、意識が変わらない人間はいません。現地を訪れた社員たちは商品が生まれるストーリーを直に目で見て、肌で感じとります。

「私たちはただモノを売っているんじゃない、生産国の文化や人々の暮らしとつながっているんだ」ということを実感し、意識するようになるのです。

これは気持ちの問題なので、話を聞いただけではなかなか理解できません。ですから、実際に現地に行くのが一番です。

確かに、中南米などに社員を連れて行くのはコストがかかります。ですが、現地を訪れた経験は、参加した人間だけにとどまるものではありません。

かけはし制度の参加者は店長会や店舗で報告をすることになっているのですが、彼ら・彼らは必ず感動を伝えます。そうした話を聞き、姿を見た後輩や若い社員は、意識が変わると同時に「今度は私も行きたい」とモチベーションが高まっていくのです。

この制度を通じて、すでに何十人もがそうした変化の担い手になってくれています。これは社内外の意識を変えていく、つまり理念を共有するための「しくみ」なのです。

この感動を共有したいと、現地への訪問ビデオをインターネットで流したことがありますが、それを見たお客さまからも、「ものすごく感動した。チチカカはこんなことをやっていたのですね。涙が出ました」「チチカカに10年通っていますが、はじめて知りました」など、数百件ものコメントが届きました。

お店に商品に並べて接客しているだけでは伝わりづらいこともあります。このようなコミュニケーションを、これからは積極的に行っていきたいと思っています。

強く、深く、長く、つながる

最近では、「もともと社会貢献に興味があって、情報を探していたらチチカカを知りました。アルバイトでもいいから仕事をさせてください」「商品はもちろん、チチカカの社会的な活動にも共感しました」といった理由で入社を希望する若者が増えています。

学生はもとより、社会的意識を持った志の高い優秀な人材が集まるのも、ソーシャルビジネスを展開していることによる効果といえるかもしれません。

また、アパレル業界は比較的離職率が高いのですが、チチカカは同業他社と比べてそれが低くなっています。

先ほどの「かけはし制度」や共感するしくみづくりによって、チチカカという企業に愛着を持つ社歴の長い社員も多く、店長でも20代後半～30代、在籍8～10年というベテランが大勢活躍しています。長い期間働いてもらえることで、商品やチチカカに対する理解が深まり、接客の際にもお客さまに商品の魅力や価値を伝えやすくなります。

入社希望者・長期勤務者が増え、お客さまにも共感してもらえてエンゲージメントが深まり、収益にもつながっている――企業の使命として行ってきた社会的な取り組みが、結果として事業やブランドの強化、他社との差別化となっています。

海外市場でも差別化

海外はチャリティの意識が高いということもあり、ハッピートレードの商品は日本以上に売れています。

また、ソーシャルビジネスの発展しているアメリカのディベロッパーによると、アパレルでフェアトレードやソーシャル性を打ち出している商品は少なく、そのため差別化が容易にできるようです。いずれにしても、より良い社会の実現につながる商品は国を問わず共感できる価値ですから、海外進出の際の有力な共通言語になりえます。

日本もそうですが、海外でも、ソーシャルプロダクツ市場はまだまだ確立されているとはいえません。おそらく、こうした取り組みを広く認知してもらい、正しくていい商品を届けていけば、これからもどんどん伸びていけるのではないかと思っています。

第4章

巨大な潜在市場を拓く「ソーシャルプロダクツ」とは

ソーシャルプロダクツについては第1章で簡単に紹介しましたし、第3章でもいくつかの事例を見てきましたので、どのようなものかはもう何となくおわかりでしょう。この章では、ソーシャルプロダクツの特徴や展開するメリット、開発のポイント、マーケティング方法、課題などを多面的に捉え、「ソーシャルプロダクツとは何か」について、そのすべてを明らかにします。

ソーシャルプロダクツの特徴

最初に確認しておきたいのは、ソーシャルプロダクツの定義です。APSPでは、ソーシャルプロダクツを次のように定義しています。

ソーシャルプロダクツとは、企業および他のすべての組織が、生活者のみならず社会のことを考えてつくりだす有形・無形の対象物（商品・サービス）のことで、持続可能な社会の実現に貢献するものである。

かみくだいていえば、エコ（環境配慮）、オーガニック、フェアトレード、寄付（売り上げの一部を通じた寄付）、地域の活力向上、伝統の継承・保存、障がい者支援、復興支援などに関連する「人や地球にやさしい商品・サービス」のことで、生活者のより良い社会づくりへの参加（社会貢献）を可能にするものです。とはいえ、この定義や説明だけではよくわからないかもしれません。そこで、まずソーシャルプロダクツを次の５つの特徴から説明したいと思います。

特徴❶　人や地球、社会に対して〝特別な〟配慮がある
特徴❷　商品の〝先（背景）〟が見える
特徴❸　さまざまなつながりが生まれる
特徴❹　コアなファンに支えられる〝強いビジネス〟になる
特徴❺　育成に時間を要する

特徴❶
人や地球、社会に対して〝特別な〟配慮がある

「人や地球にやさしい商品・サービス」と一口にいっても、たとえば調味料が小分けになってい

て使いやすいというものもあれば、燃やしても有害なガスを出さないというものもあり、さまざまです。そこで、ここでは、「人や地球へのやさしさ（＝配慮）」を誰に対する配慮かという観点で切り分けて、考えてみたいと思います。

社会性と第三者便益

世の中の商品・サービスには、当然ながら購入者・利用者がいます。ですから、企業はその人たちのニーズを考えて商品・サービスをつくります。これはある意味で購入者への配慮です。しかし、購入者への配慮しかなければ、買った人はよくても生産者に対する搾取が行われたり、環境問題が引き起こされたりして、必ずしもより良い社会につながるとはいえません。より良い社会づくりや、人や地球へのやさしさを考えるのであれば、世間で一般的に「社会的弱者」と呼ばれている存在に対する配慮（＝社会性）が必要となります。

そこで、まず、社会性の有無で商品・サービスを分けます。なお、ここでいう「社会的弱者」には、高齢者や乳幼児、発展途上国の人たちだけでなく、動植物などの自然環境も含みます。

では、その社会性には具体的にどのようなものがあるのでしょうか？

これまでもいくつか例を見てきましたが、フェアトレードによる発展途上国の生産者との公正な取り引きはそのひとつでしょうし、身体の機能が衰えた高齢者が使いやすいようなデザイン

（バリアフリーデザイン）もそのひとつでしょう。

ところで、この2つの例について、何か気になる点はありませんか。マーケティングを学んだ人や普段から仕事で携わっている人はピンとくるかもしれませんが、前者は直接の購入者以外の第三者に対する便益（第三者便益）であるのに対して、後者は購入者自身が受ける便益です。

「第三者便益」とは、東北の震災復興であれば被災者、原生の自然保護であればその自然というように、商品・サービスを買ったり、利用したりすることで、購入者や利用者以外の第三者に生まれる便益のことです。

わかりやすいようにもう少し例を追加すると、高齢者や障がい者が使いやすい道具というのは、ＱＯＬ（Quality of Life：生活の質）を高めたり、健康寿命を延ばして社会保障費を削減するなど広い意味での社会性はあるものの、直接的には購入者や利用者である本人の便益につながる商品です。したがって、第三者便益はない商品ということになります。

通常の商品開発やマーケティングでは、生活者にどのような便益を提供するかを収益とのバランスの中で考えて追求します。これは、使う人にとって使いやすいもの、食べる人にとって食べやすいものを考えて商品を生み出す、というごく一般的な話です。

ですから、たとえば、あごの力が弱くなった高齢者でも食べやすくて、美味しく、見た目も美しい食品のように、購入者や利用者である社会的弱者自身にとっての便益を考えた商品が、普通

図表9◉社会性の有無での商品分類

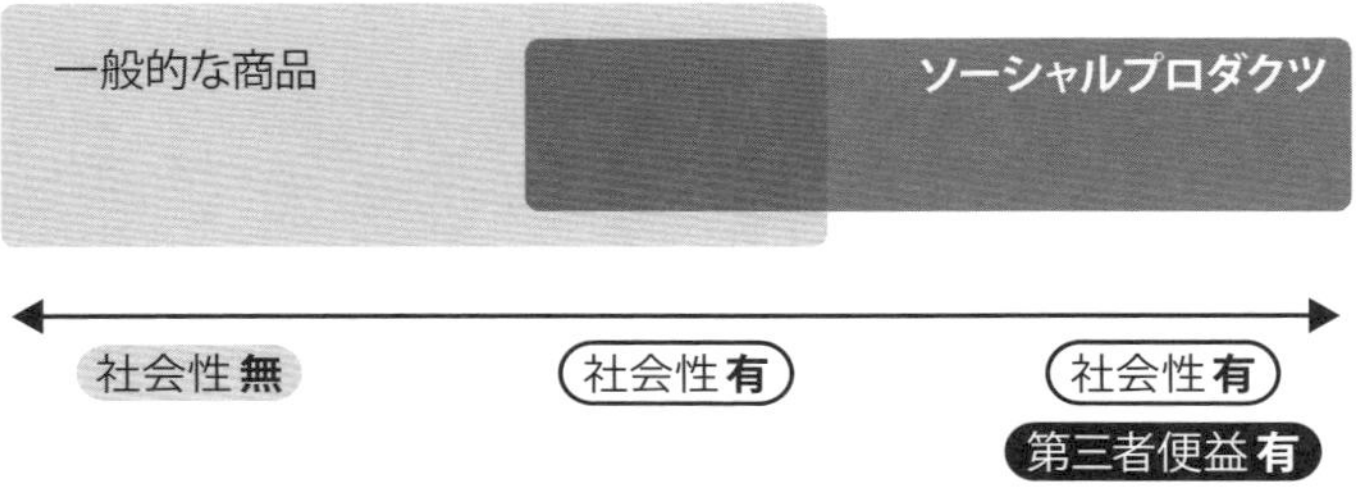

※第三者便益とは、購入者・利用者以外の社会的弱者（自然を含む）への便益
※社会性とは、社会的課題の解決・緩和への特別な貢献

の商品として開発・販売されるのはよくあることです。このように、社会性がある商品・サービスでも、一般の商品・サービスと同じ、と見ることができるものがあります。

したがって、社会性のある商品・サービスは、購入者・利用者以外の第三者への社会的配慮があるかないかによって2つに分けることができます（図表9）。

特別な貢献

前項では社会性と第三者便益ということからソーシャルプロダクツを見てきましたが、ソーシャルプロダクツをソーシャルプロダクツたらしめる（一般の商品とソーシャルプロダクツを分ける）重要な要素がもうひとつあります。それは社会的課題の解決・緩和への「特別な貢献」

というものです。

社会（的課題）や環境（問題）にとって、商品やサービスを通じた社会的取り組みがどれくらいのインパクトがあるのかは、実は時代によって変化します。

たとえば、ハイブリッド車が発売された当時、他の車と比較したときのハイブリット車の環境負荷低減のインパクトは非常に大きなものがありました。しかし、ハイブリッド車がある程度普及して一般的になってくると、その相対的なインパクトは限定的となり、ハイブリッド車が社会的課題の解決や緩和に〝特別な〟貢献をしているとはいえなくなります。

減農薬栽培の野菜などもそうです。減農薬での栽培が難しいときは、それは環境や生産者に対する負荷を大きく低減する特別な商品と見なすことができますが、世の中全体として農薬の使用量が減れば、特別なものから一般的なものへと変わります。

いずれも、社会的課題に対する貢献や配慮があることは間違いありませんが、これらをすべてソーシャルプロダクツとしてしまうと、メガネも、地図も、栄養ドリンクも、すべてがソーシャルプロダクツとなってしまいます。10年前のソーシャルプロダクツは、今では一般的になっているかもしれないし、今でもソーシャルプロダクツかもしれない。その判断をするために、〝特別な〟貢献や配慮があるかないかで線引きをするのです。

図表10◉事業性と社会性による商品分類

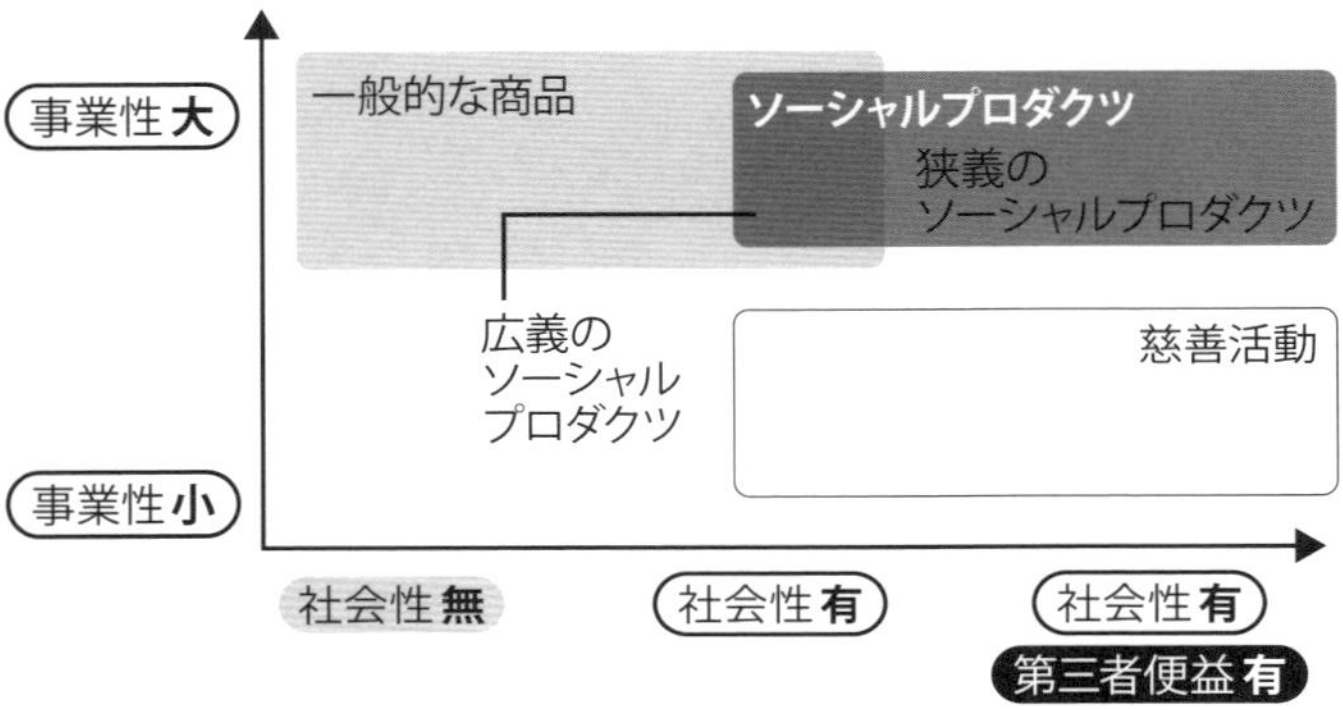

※第三者便益とは、購入者・利用者以外の社会的弱者（自然を含む）への便益
※社会性とは、社会的課題の解決・緩和への特別な貢献

事業性を考慮する

社会性には、ボランティアなどの慈善活動も当然あります。ただ、ソーシャルプロダクツは、より良い社会づくりへ貢献するだけでなく、一般的な商品・サービス同様、収益が上がり、ビジネスとして持続していけるものでなければなりません。

そこで、その両者を「事業性（収益性）」という観点から線引きすると、最終的にソーシャルプロダクツは図表10のように分類することができます。特別な配慮に基づく第三者便益のある社会性と、事業性のあるものが「狭義のソーシャルプロダクツ」、特別な配慮に基づく第三者便益のない社会性と、事業性のあるものが「広義のソーシャルプロダクツ」ということです。

コラム　伝統工芸品はソーシャルプロダクツ？

長きにわたって受け継がれてきた伝統技術を活かしてつくられる伝統工芸品というのは、果たしてソーシャルプロダクツに含まれるのでしょうか。

ソーシャルプロダクツがどのようなものか、定義や概念を説明できるという人であっても、伝統工芸品がソーシャルプロダクツに含まれるか否かをわかりやすく説明できる人はそれほどいません。

結論からいえば、伝統工芸品はソーシャルプロダクツに含まれます。

もちろん、ただなんとなく「伝統って大事だから」という理由ではありません。伝統工芸品というのは、たとえばそれが４００年前に生まれたものだとすると、それはその土地古来の風土を活かしながら、当時の環境負荷レベルの中で誕生したということになります。

そして、仮に化学的な染料がない時代に誕生した伝統工芸品で、その技術が現在まで受け継がれているものがあるとすれば、それは環境や社会との親和性が非常に高い＝負荷が非常に低いものということになります。ですから、伝統工芸品はソーシャルプロダクツであるといえるのです。

特徴❷

商品の〝先（背景）〟が見える

生活者と商品・サービスの間だけでなく、その〝先（背景）〟の生産者や被支援者、将来世代などまで見えるのがソーシャルプロダクツです（図表11）。一般的な商品・サービスというのは、ペンであれば、ペン（のメーカー）と自分との間で関係は終わりです。背景に何があるのかは、普通見えてきませんし、実際、多くの商品・サービスがこれまで背景を十分に見せていませんでした。これは、見せる必要がなかったからであり、生活者に求められていなかったからでもあります。

ところが、今、この状況が変化してきています。生活者が商品・サービスの背景に関する情報（原材料の栽培方法や調達方法、製造過程に関する情報等）を入手しやすくなったことで、安さ以外の新たな価値を求める人が出てきたのです。たとえば、アフリカで子どもたちが朝から晩まで働かされ、あるいは東南アジアで生産者が原材料を買い叩かれ、その結果として安い商品・サービスがつくられたのだとしたら、どう思うでしょうか？

確かに安いからそれで満足という人もいるとは思いますが、それは全員ではないでしょう。APSP調査では、「商品の背景やストーリーまで含めて商品の価値」と思う人が約6割いました。これは、背後で何が起こっているのかを知ることで、それらすべてを含めて商品・サービスを選

図表11◉商品の先とつながるソーシャルプロダクツ

びたい、安さだけでは選びたくない、という生活者が増えてきているということです。

“Social”（社会）はつながりによって存在するものです。ＳＮＳの〝ソーシャル〟もそうですが、ソーシャルプロダクツの〝ソーシャル〟にも、「より良い社会づくり」だけでなく、実際の利用者・購入者と生産者・被支援者などが「つながる」というニュアンスが含まれています。

その商品・サービスが、どこで、誰によって、どのような原材料を使ってつくられたのか。ソーシャルプロダクツには、必ず商品に付随する背景やストーリーがあります。

適切な情報発信があれば、生産者やつくり手の顔はもちろん、その商品を選択することによってどのような社会的課題の解決や緩和に貢献するのかまで見えてきます。

コラム

実態を知る、見る

フェアトレードは、一般的には公正な取引価格で原材料や商品等を購入することだと思われています。しかし、その理解だけでは不十分な場合もあります。

フェアトレードには、コーヒー豆やカカオなど、産品ごとに、国際フェアトレードラベル機構等の団体（厳密には、機構関係者と生産者や取引業者などのステークホルダー）によって定められている基準価格（フェアトレード最低価格）というものがあり、それを上回っていれば、いくらで買ってもよいことになっています。たいていは基準価格のほうが市場価格よりも高くなっていますが、市場価格が揺れ動いているときなど、市場価格よりもフェアトレードの基準価格のほうが安くなるという逆転現象が起きることもあります。特に、基準価格が長い間見直されていないような産品の場合、こうしたことは起こりやすくなります。

そのようなとき、良心的な企業は高いほうの市場価格で購入しますが、一部の企業はあくまでも基準価格をベースに購入し、そのことをもってフェアトレードと称していることがあります。

こうしたこともあるので、フェアトレードでは取引価格だけを見るのではなく、たとえば農産品などの原材料を調達するにあたって代金の前払いをしているか、あるいは継続して購買しているかなど、別の観点から見ることも大切です。

特徴❸
さまざまなつながりが生まれる

特徴❷「商品の〝先（背景）〟が見える」にやや近いですが、ソーシャルプロダクツは生産者や被支援者とのつながり以外にも、さまざまなつながりを形成します（図表12）。その〝つながり〟には、主に次の４つがあります。

①ブランド・企業とユーザーのつながり
②生活者同士のつながり
③他の企業・団体とのつながり
④海外とのつながり

もちろんソーシャルプロダクツではない一般の商品・サービスでも、このようなつながりが築けないわけではありません。しかし、ソーシャルプロダクツでは、つながりがより強くなったり、増えたりします。

図表 12◉ソーシャルプロダクツが生み出すつながり

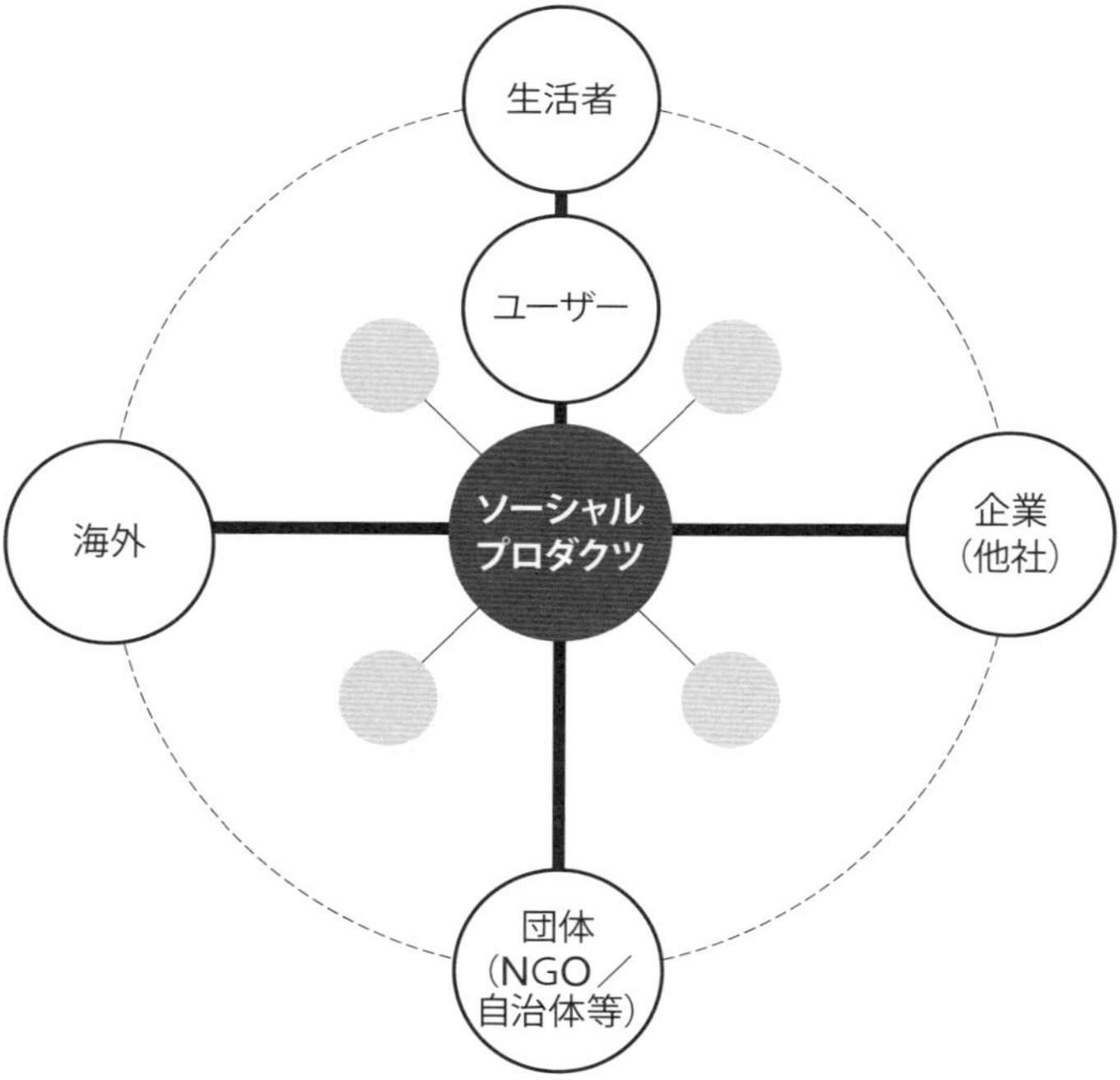

①ブランド・企業とユーザーのつながり

ソーシャルプロダクツは機能的価値（性能や使い勝手）や金銭的価値（価格）だけでなく、「より良い社会づくりへの貢献」という心理的価値も提供しているわけですが、それが、「共感」を生みやすくしています。心理的価値がしっかりと届くことによって、ブランドや企業は、ユーザーとの間に深いエンゲージメントを築くことができ、リピーターの増加につながります。

特に、ソーシャルプロダクツをその社会性からではなく、モノとしての魅力から購入して使っていた場合、当該商品・サービスに何らかの社会的配慮・支援が紐づいていることをあとで知ると、ライトユーザーからロイヤルティの高いヘビーユーザーに移行しやすくなります。これは購入したモノがより良い社会づくりにつながっていることを理解することで、そこに付加価値を感じ、それまで以上にその商品・サービスのファンになるからです。

第3章で取り上げたベン&ジェリーズは、アメリカの全人口の1％の人たちによって、アメリカでの売り上げの約半分がつくられています。言い換えれば、ベン&ジェリーズの社会的取り組みに共感し、年に何回も購入するロイヤルティの高いファンが、このブランドのビジネスをつくっているということです。

同じようにサラヤでも、同社の60～70％が他社製品に浮気をしないお客さまです。これは、彼らがモノだけでなく、サラヤの社会的取り組みにも大きな価値を感じているからです。このことは、日経環境ブランド調査２０１５の「その企業の環境活動を考慮して商品を買っているお客様の割合」で、そうそうたる大手企業を押しのけてサラヤがトップになっていることからもわかります。

一度でも企業や商品・サービスの社会的取り組みを認知し、そこに価値を感じると、その顧客はファンとなり、容易に離れることはありません。サラヤが「ヤシノミ洗剤」の原材料を持続可能な方法で調達したものに変え、売り上げの１%をボルネオ保全トラストに寄付するキャンペーンを始めて以降、リピーターが積み上がり、売り上げが継続的に伸びているというのは納得です。

②生活者同士のつながり

ソーシャルプロダクツは、その一つひとつがより良い社会の実現につながるストーリーや背景を持っています。これは、一般的な商品・サービスにはない特徴です。この独特のストーリーや背景があるからこそ、ソーシャルプロダクツは購入者の周りの人にシェアされ、ギフトやプレゼント等によって、生活者から生活者にその価値が伝わっていきます。

ＡＰＳＰ調査でも、約半数の46・2%が「ソーシャルプロダクツをプレゼントやギフトとして贈ってみたい」と回答しています。

実際、ソーシャルプロダクツを数多く取り扱っているショッピングモール「SoooooS.（スース：http://sooooos.com）」では、年ごとにソーシャルプロダクツをギフトで贈る人が増えています。

③他の企業・団体とのつながり

最近では、商品・サービスの特徴を出しづらい、同じようなものばかりしか生まれない、という話をナショナルブランドでもよく耳にします。しかし、「ソーシャル」を介して生まれる新しいつながりには、これまでにない商品を生み出す可能性が眠っています。

ソーシャルプロダクツの開発・販売をきっかけに、通常では考えられなかったような接点が企業や組織間に生まれることもあるのです。実際、サラヤはジュエリーブランドと、オーガビッツ（豊島）は大手食品メーカーなどとコラボ商品を生み出しています。

今は、大手企業であってもベンチャーや中小企業などとコラボレーションする時代です。もちろんコラボレーションするのは、それぞれの商品・サービスそのものに物理的な特徴や魅力があるからですが、それだけではありません。商品・サービス同士で、共通のベクトルを持てるかどうかも重要です。その点、「より良い社会づくり」というベクトルは共有しやすいといえるでしょう。

ちなみに、大手企業がノベルティや社内用に外部からソーシャルプロダクツを調達する機会も増えています。また、より良い社会づくりにつながる商品ということで、行政や公的機関からユニフォームや公式グッズの制作などで声がかかることも少なくありません。「より良い社会づくりへの挑戦・貢献」という価値は、多くの人・組織をつなげるのです。

④海外とのつながり

「より良い社会につながる」「より良い社会を実現する」というのは、国・民族を問わず、誰もが共感できる価値です。そういう意味では、社会的取り組みは海外進出する際の共通価値言語としても機能します。

チチカカやMODECOのインタビューにもありましたが、アジア地域の中でも社会が成熟している香港やシンガポール、あるいは欧米における社会的取り組みに対する感度は、日本よりも高いものがあります。これは、規模の小さな企業であっても、ソーシャルな価値の提供を通じて海外のマーケットや生活者とつながることが可能となることを意味します。

コラム 商社だからこそできること

世の中には、特定の企業による寡占が進んでおらず、小さなブランドや事業体が数多く存在する業界がたくさんありますが、そうした業界の小さなプレーヤーであっても、商品・サービスを通じた社会的取り組みを行うことができるのでしょうか。

単純に考えれば、資金的な面からも、労力的な面からも難しいかもしれません。しかし、少し発想を変えれば可能となります。

そのよい例が、豊島のオーガビッツです。オーガビッツは、業界内で原材料等を広く供給している豊島が音頭をとって社会的取り組みを立ち上げ、そこに各ブランドが相乗りする形で展開しています。

このように商社は、原材料以外の付加価値を取引先企業に提供したり、間接的に生活者や社会に大きな影響を与える可能性を持っています。第2、第3のオーガビッツの登場を期待したいと思います。

特徴❹ コアなファンに支えられる〝強いビジネス〟になる

基本的に、ソーシャルプロダクツは過度な大量生産や行き過ぎた工業化の対極にあります。商品を大量につくってコストを下げ、不特定多数の人に廉価で大量に販売することで大きな収益を上げるという「規模の経済」型のビジネスではないということです。

そのため、ソーシャルプロダクツは、すぐに数千億円や1兆円を超えるようなビジネスにはなりにくく、むしろ、他の同様のビジネスよりも規模が小さいことすらあります。

しかし、現代は価値観やライフスタイルが多様化し、消費や社会が成熟してきているため、大量生産の画一的な商品は受け入れられにくくなっています。そして、よく言われるように、自分らしさが表現されたモノ、自分が納得したモノなら、多少高くても購入するという人は確実に増えています。そういった人たちに、商品の背景までしっかり伝え、それも価値として評価してもらうことは十分に可能です。

100万人には売れないけれども、5万人、10万人の強いこだわりを持つファンをつくることができる。それがソーシャルプロダクツの強みです。

コラム リピーターと推奨者

ブランドを強くするには、リピート購入してくれる顧客を増やすことが重要です。しかし、本当に強いブランドにするには、そうした人だけでなく、顧客自身が周りの人にそのブランドのことを伝え、新しい顧客を増やしてくれるファンも必要です。

では、こうしたファンは顧客満足度を上げれば生まれてくるのでしょうか。

各種調査によると必ずしもそうではないようです。商品やサービス自体に「大変満足」した人でも、周りの人に推奨するのは半分にも満たないといわれています。推奨しない理由としては、「料金（高いものなので自分からは勧められない）」「場所（遠方なので近所の人でないと通えない）」などがあります。

その意味では、そこまでのファンを増やすには、商品そのものや接客だけでなく、人にお勧めしやすい価格帯のエントリーモデルを用意したり、どこに住む人でも使いやすいＥＣサイトを準備するなど、商品の品質や接客など以外にも多くの要素が重要になってくることがわかります。

特徴❺ 育成に時間を要する

ソーシャルプロダクツは、ブランドとしての育成に時間がかかりますし、社会的取り組みを行ったからといって売り上げへの即効性もそこまでありません。それは、企業・団体が商品・サービスを介して行っている社会的取り組みに対しての認知・信頼が広がり、そこに共感が生まれるまでに時間がかかるからです。

また、取組先とのネットワークを構築するのにも時間を要します。前章で紹介したオーガビッツは事業収支でトントンになるまで4年、サラヤは現在のポジションを築くのに10年ほどかかっています。いずれも短い期間ではありません。ですが、その分ブランドの足腰はまちがいなく強くなります。

残念ながら、企業・団体の中には、ソーシャルプロダクツのこの特徴をあまり理解していないと思われるようなところがあります。たとえば、自社ブランドの商品売り上げの一部を寄付するという取り組みに対して、あまり効果が見られなかったという理由からたった1回行っただけで止めてしまう、あるいはオーガニックブランドを立ち上げて大量の原材料を調達し、商品を製造したにもかかわらず、1、2年でブランドをたたんでしまうなど、こうした事例は数多く存在します。

当たり前のことですが、このような短期的な取り組みではブランドのユーザーや一般の生活者に、企業・団体、そしてブランドが目指している世界観や姿勢、考え方などは届きません。

大事なことは〝継続する〟ことです。パフォーマンスではなく、根柢の部分からしっかり社会的課題について考え、継続して取り組んでいれば、それが完璧ではないにしてもブランドや企業の姿勢にある程度の信頼や説得力が生まれます。

特に日本は、一回信頼してくれると、わりと信頼し続けてくれる国民性がありますし、やり続けていれば、そこにパブリシティ（メディアによる自主的な報道）などもついてきます。

ちなみにソーシャルの世界（より良い社会づくりに関する世界）では、中途半端に投げ出すことは、何もしないよりも、時に大きなマイナスにつながります。なぜなら、寄付をもらえることを前提に始めたプロジェクトであれば、その寄付が止まったとたんに立ち行かなくなって混乱が生じますし、他からの支援の機会損失も発生してしまうからです。また、新しいオーガニックブランド向けに農家が頑張って原材料を増産しても、ブランドが突然なくなるようなことになれば、それらの原材料は行き場を失ってしまうことになります。

より良い社会づくりを目指すソーシャルプロダクツだからこそ、継続しなければ意味がありません。ですから、ソーシャルプロダクツのビジネスがすぐに大きな事業に成長しないとしても、短絡的に止めるのではなく、どこに課題があるのか、どうすればもっと伸ばせるかを考えてほしいのです。

モノの評価は、それ自体のスペックや物理的要素だけでなく、自分の気持ちも含めたトータルな意識が形成しています。たとえば、食べ物の場合、オーガニック食品と非オーガニック食品とで美味しさに科学的な差があるのかどうかは明確ではありませんが、それでもオーガニック食品のほうが美味しいと感じる生活者は大勢います。それは、商品・サービスに付随する共感できる背景が、その商品・サービスの満足度を高めてくれるからです。

今はまだ、多くの企業・団体がソーシャルプロダクツ開発を様子見しているような状況です。しかし、第2章でも触れたように、ソーシャルプロダクツが求められる時代は間違いなく訪れます。今のうちから受け皿となるソーシャルプロダクツづくりに取り組んでいれば、きっと優位性を打ち出すことができるでしょう。

コラム お金がなくてもやる

最近では、社会的な事業にも補助金や助成金が出るようになりました。しかし、そうした公的資金を前提にした事業計画は、なぜかうまくいかないことが多いような気がします。

私たちのところにも、「お金がもらえたので新たな事業を考えています」、あるいは「助成金がとれそうなのでソーシャルプロダクツを開発したいんです」という相談が寄せられますが、このような発想では成功へのハードルは高いといわざるをえません。

なぜなら、〝お金があるから事業をする〟のではないからです。最初に、やらなければならないこと、どうしてもやりたいことがあり、そこにたまたまお金がついたというのが、本来のあるべき考え方だと思います。お金がなくてもやり抜くという姿勢が重要であり、それがなければソーシャルプロダクツ開発でぶつかるいくつもの大きな壁を乗り越えることはできません。

ソーシャルプロダクツを展開するメリット

前節では、「ユーザーとブランドのエンゲージメントが深まり、リピーターが増え、強いブランドができる」というソーシャルプロダクツの特徴について説明しました。これはソーシャルプロダクツの特徴であり、展開するメリットでもありますが、事業として展開するにはもっとメリットがほしいところです。ここでは、前記以外の5つのメリットについて説明します。

メリット❶独自性を出しやすい
メリット❷企業・ブランドのイメージがアップする
メリット❸認証取得で、商談がスムーズに進む
メリット❹優秀な人材を確保できる
メリット❺海外マーケットの攻略ができる

メリット❶

独自性を出しやすい

今日では、数多くの商品・サービスがコモディティ化し、知覚差異がなくなってきています。また、長年のデフレーションの影響で、価格競争も限界を迎えています。

そのような中で、商品・サービスの機能やスペックといった物理的な価値や、価格といった金銭的価値だけを生活者に提供していると、差別化が非常に難しくなります。

当然のことですが、ＩＣＴの進化によってさまざまな情報が瞬時に手に入るようになると、たとえ先行して新しい商品・サービスを開発したとしても、競合にすぐに真似されます。あるいは、他社よりも安価で提供したとしても、それに追随する競合は必ず出てきますし、並行輸入やインターネットを利用すれば、国内外からより安い商品・サービスを手軽に入手することもできます。

一方でソーシャルプロダクツは、「どのような社会的課題と向き合い、どのような取り組みを行い、どのように伝えるか」を、企業・ブランドの理念をベースに自由に設計することができます。そして、この自由度の高さが、ソーシャルプロダクツそれぞれに独自の背景・ストーリーを持たせることを可能にし、結果的に差別化につながるのです。

しかもソーシャルプロダクツの場合、そのような社会的取り組みをきちんと伝えることができれば、生活者を介して拡散すると共に、その過程でも独自の有機的な変化を生み出すことが可能となります。

メリット❷

企業・ブランドのイメージがアップする

サラヤは、パーム油が熱帯雨林を破壊し、貴重な動植物の生息域を奪っているという批判を受けて、商品に社会性を持たせる方向へと大きく舵を切りました。第3章でも触れたように、今では持続可能な方法で採取されたパーム油の国際的認証制度であるRSPOに参加し、商品の売り上げの一部でNGOと一緒になってゾウやオランウータンの保護活動を行うなど、積極的に社会的取り組みを展開しています。これらの社会的取り組みへの反響は大きく、それまでの批判は一転して賞賛へと変わり、生活者からの支持と共感を獲得しました。

このように、真摯に取り組みさえすれば、マイナスの状況からでもイメージアップは可能です。また、取り組みを積み重ねることによって、予期せぬリスクに見舞われた場合でも、その影響を低減させることができます。

第2章で紹介したように、最近では、良いことをこっそり行う「陰徳」という意識は薄れ、そうしたことをオープンにすることに抵抗がなくなってきています。その意味では、企業自身も社会的取り組みを伝えやすくなってきているのではないでしょうか。

メリット❸ 認証取得で、商談がスムーズに進む

第1章で触れたように、認証の取得には、その審査や更新等の手続きにそれなりの費用と時間、労力がかかるというデメリットがありますが、相応のメリットもあります。

最も大きな効果は、生活者に信頼してもらえることですが、それだけではありません。認証があることで、販売の前段階であるバイヤーとの商談がスムーズにいくということが結構あります。

特に、ソーシャルプロダクツに詳しくないバイヤー（こうした人が大半だと思いますが）ほど、間違えのないものを選びたい、何かあったときに拠り所があるものを選びたいと考えます。そのときに、オーガニックやフェアトレード等で第三者認証がなされているというのは、非常に都合がいいわけです。

また、商談に限らず、実際の販売でも小売りが応援してくれることがありますし、メーカーが小売りとタイアップして行うソーシャルなキャンペーンもたくさんあります。

店頭で商品・サービスが売れるか否かは露出の度合いにかなり影響されますが、小売りにとってもイメージアップにつながるソーシャルプロダクツの販売やソーシャルなキャンペーンは賛同しやすく、双方がウィン－ウィンになれる取り組みだといえます。

メリット❹
優秀な人材を確保できる

昨今の学生や若者は、企業のCSR活動の質や量を見て、その企業がブラックかどうかを見極めるともいわれています。事実、チチカカやサラヤでは、社会的取り組みをしている企業、社会的取り組みとビジネスをうまく融合させている企業だとして応募する人が増えています。

これは、ソーシャルプロダクツを手掛けることで、企業・団体のブランドイメージが上がることを意味します。大企業でなくても、志を持つ優秀な人材を採用することが可能なのです。

また、チチカカでは、入口である採用の応募が増えているだけでなく、出口の離職も減らせています。アパレルのように比較的離職率の高い業種でも、商品を通じた社会的取り組みを展開し、それをしっかりと従業員に理解してもらうことができれば、長期間働いてくれる人を増やすことができるのです。

長く働けば、商品・サービスへの理解のみならず、生産地や生産者、支援先への理解も深まり、お客さまに伝えられる情報が増えます。言い換えれば、ソーシャルプロダクツにとって大切な価値の伝達やコミュニケーションがスムーズにいくようになるということです。

労働力人口が減少してくるこれからの時代において、これは大きなメリットといえるのではないでしょうか。

メリット❺

海外マーケットの攻略ができる

最近、発展途上国や新興国におけるＢＯＰ（Base of the Economic Pyramid：経済的に社会の底辺にいる多数の貧困層）市場が注目されていますが、ただ現地に行っても、たいていの場合はビジネスになりません。それは、現地政府の協力等が得られないからです。

ところが、国際機関と連携して寄付や支援といった形をとると、確実に現地に食い込むことができます。これは、国際機関の信頼と影響力のおかげです。

サラヤは、商品の売り上げの一部を使い、ユニセフを通じてアフリカの衛生環境の改善を支援する「１００万人の手洗いプロジェクト」を展開した際、ユニセフのサポーターとしてウガンダで政府高官と面会するなど政治の世界と接点をつくり、同国での現地法人の立ち上げにこぎつけました。今では「消毒１００％プロジェクト」というソーシャルなキャンペーンをビジネスとして展開しています。

これは日本における寄付つき商品の販売をベースにした海外へのアプローチ事例ですが、発展途上国や新興国だからといって安いモノだけが受け入れられるということはありません。第2章で紹介した通り、発展途上国や新興国にも、持続可能性に配慮したソーシャルプロダクツそのものに対するニーズはあります。

また、ソーシャルプロダクツなら先進国のマーケットへの足掛かりも築けます。こちらも第2章で説明したように、オーガニックに関して欧米と日本とでは、相互に認証の同等性を認める合意がなされています。こうした制度を上手に活用したり、進出先の国の認証を取得することで、信頼性を高めることが可能です。

このように、商品・サービスにおける社会的取り組みは、現地の扉を開ける強力な武器になるのです。

本節で取り上げた5つのメリットに、前節で説明したユーザーとブランドとの強いつながりを加え、ソーシャルプロダクツを展開するメリットをまとめると、図表13のようになります。

図表13◉ソーシャルプロダクツと一般の商品・サービスのメリット比較

	一般の商品・サービス	ソーシャルプロダクツ
独自性	●提供する価値は価格や機能が主で、独自性が出しにくい	●社会的取り組みで心理的価値も提供できるため、独自性が出しやすい
イメージ	●商品そのものやブランドのイメージ。良いイメージと悪いイメージが混在している	●商品そのもの＋社会的取り組みによるイメージ。良いイメージを持たれやすい
ユーザーとの関係	●価格やモノベースでのつながりのため、他にスイッチしやすい	●社会的取り組みに対する共感によるつながりがあり、独自のファンをつくりやすい
商談	●価格や機能性などの訴求が中心	●価格や機能性などの訴求 ●扱う小売りのイメージアップにもなる社会的取り組みも訴求可能 ●認証取得で商談が促進される
人材確保	●商品だけでなく、企業規模や業績等の評価も影響	●社会的取り組みとビジネスの両立に共感する、志を持った優秀な人材の確保が可能
海外進出	●進出先に合わせた商品開発（規格や風味等）が必要	●社会的取り組みの部分は、共通の価値として展開可能

ソーシャルプロダクツ開発・展開のポイント

ソーシャルプロダクツを開発するうえで、社会的課題の解決に対する強い想いと本質的な理解、ぶれないビジョンは大前提として必要なものですが、この3点以外にも必要なことはあります。

ここでは、「発想」「開発」「コミュニケーション・販売」「検証」という流れに沿って、最低限押さえておきたい8つのポイントを紹介します。ポイントの中には、❸、❹、❼などソーシャルプロダクツに限らず、一般の商品開発・展開においても重要なポイントも含まれています。これらのポイントはソーシャルプロダクツの開発において特に忘れられがちなので、商品開発になじみが薄い読者のことも考慮してあえて加えました。

ポイント❶　根本的な発想の転換
ポイント❷　社内を巻き込む工夫
ポイント❸　買い手目線の商品開発

ポイント❹　モノづくりへの強いこだわり
ポイント❺　原料調達から消費・廃棄までの一貫した環境・社会配慮
ポイント❻　価値伝達のための社会的課題の見える化
ポイント❼　相手のマインドや価値観を考えたコミュニケーション
ポイント❽　社会的取り組みの成果検証

ポイント❶
根本的な発想の転換

ビジネスにはさまざまな選択肢があり、商品・サービスにはいろいろな価値があります。発想を転換するには、まず、選択肢や価値には多様な捉え方があるということに気づくことです。

なぜなら、「今のビジネスではこの手法だけが正解」というように枠を固定してしまうと、その時点で先に進めなくなり、終わってしまうからです。

歴史を振り返れば、書籍のインターネット通販やコンビニエンスでの高級プライベートブランドのように、出た当時は多くの人に理解されなくても、今では当たり前になっている技術や商品・サービスはいくらでもあります。オーガニックの原材料がほとんどなかった時代から石油由来の成分が入っていない原材料を求めてきたクレコスのように、まだ当たり前になっていないところに可能性や差別化の源泉があるのです。

「当たり前」に挑戦するのは大変なことです。しかし、発想を変え、言い続けなければ新しいモノは生まれません。自分の信念ややりたいことがあったら、それが常識外れのことであっても、恐れずに声を上げてみてください。

コラム

バックパッカーのすすめ

本書を執筆するにあたり、14の企業・団体から話を聞きましたが、親の仕事の関係で発展途上国や新興国に何年か滞在していた、学生時代に何カ月もかけてバックパッカーをやっていた、社会人になってから発展途上国に赴任したなど、少なからぬ人が発展途上国の体験をしていたことがわかりました。彼らに限らず、ソーシャルプロダクツ開発やソーシャルビジネスに挑んでいる人の中には、外の世界を知り、今、自分がいる世界からだけでは見えない多くのことに直接向き合った経験が、その取り組みの原点となっている人が多いようです。

発展途上国に行くことだけがすべてではありませんが、社会的課題の現場に行き、実際に何かを感じることは、血の通ったソーシャルプロダクツを開発するうえでとても重要なことです。

ポイント❷
社内を巻き込む工夫

大手企業には多種多様な部署があり、いろいろな人がいますから、いきなりソーシャルプロダクツを開発・展開するといっても、社内の理解を得るのは難しいかもしれません。そのような場合には、ディノス・セシールの事例を参考に小さなことから始め、少しずつ取り組みを広げていくとよいでしょう。その際、どんな小さなことでも、とにかく参加者が楽しめるようにすることが重要です。

たとえば、同社では、チャリティビアガーデンやエコをテーマにした大喜利など、多くの人が楽しめ、参加しやすいイベントを繰り返し実施しています。このようなイベントを繰り返すことで、社内のさまざまな部署の人にソーシャルの階段を少しずつのぼってもらい、大勢の社員の意識改革を果たしているのです。

こうした手法は、ソーシャルマインドを持っている仲間探しにも使えます。また、楽しくて多くの人が参加しやすい企画であれば、社内コミュニケ—ションの促進にも役立ちます。まさに一石二鳥です。

ソーシャルプロダクツ開発には、人事制度も影響することがあります。定期的に部門を越えた

図表14◉大企業におけるソーシャルプロダクツの開発ステップの例

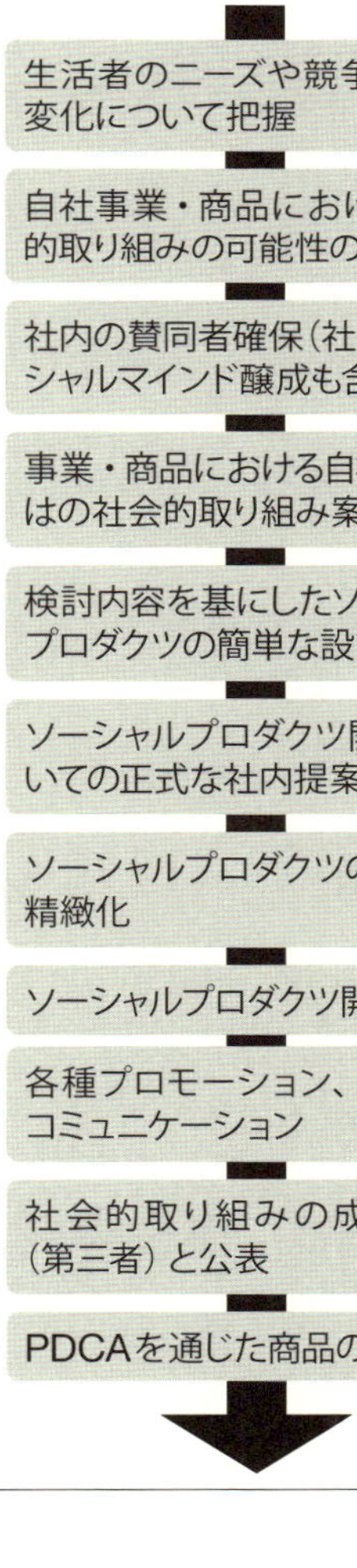
生活者のニーズや競争環境の変化について把握
自社事業・商品における社会的取り組みの可能性の検討
社内の賛同者確保（社員のソーシャルマインド醸成も含む）
事業・商品における自社ならではの社会的取り組み案を検討
検討内容を基にしたソーシャルプロダクツの簡単な設計
ソーシャルプロダクツ開発についての正式な社内提案と承認
ソーシャルプロダクツの設計の精緻化
各種プロモーション、ユーザーコミュニケーション
社会的取り組みの成果検証（第三者）と公表
PDCAを通じた商品の進化

異動が行われていれば、どこにソーシャルプロダクツ開発のための予算があるのか、それぞれの部署でどのようなことが課題となっているか、誰がキーパーソンなのかなどがわかりますし、社内人脈も構築することができます。ソーシャルプロダクツの開発には、さまざまな部署の人たちの協力が必要となります。ですから、一部署でスペシャリストとして育つよりも、いろいろな部署を体験した人材のほうが、ソーシャルプロダクツの開発者として適しているかもしれません。

一見、遠回りに見えるかもしれませんが、コツコツ土壌をつくっていくというのは、大企業では非常に意味がある進め方だと思います。

参考までに、大企業でのソーシャルプロダクツ開発のステップ例を図表14に示します。

コラム

孤立を乗り越える

これまで数多くのソーシャルプロダクツ開発者に話を聞いたり、その相談に乗ってきたりしましたが、そのほとんどがソーシャルプロダクツ開発のプロジェクトを進める中で孤立した経験を持っています。「あの人は何をやっているのだろう」と、必ず一度や二度は社内から言われています。

この状況を突破するにはかなりのエネルギーを必要としますが、そこで諦めてはいけません。この孤立を強い信念をもって乗り越えられるかどうかで、プロジェクトが成功するか否かが決まります。

周りの人にとって、ソーシャルプロダクツ開発というあなたの挑戦は、「ただ砂漠で水を探しているかのように見えている（あなたが気づいているオアシスの存在に気づいていない）」ということを理解しているだけでも、気持ちはかなり楽になるはずです。

ポイント❸
買い手目線の商品開発

第3章の事例で取り上げたトライフのオーラルピース事業は、マーケティングやコンサルティングの豊富な経験を持つ創業者が、高齢者や乳幼児のニーズに合う商品を、障がい者の力を活かして売るというところまで設計した画期的な事業です。

対して、多くのソーシャルプロダクツは、オーガニックやフェアトレードなど、商品開発の入口となる原材料調達や生産段階のことはいろいろと考えているものの、オーラルピースのようにマーケティングや販売など、商品の出口のことまではあまり考えられていません。

自分たちが「何を売りたいか」という売り手目線ではなく、「誰に」「どこで」「どのように」「何

図表15◉買い手、自社、競合のトライアングル

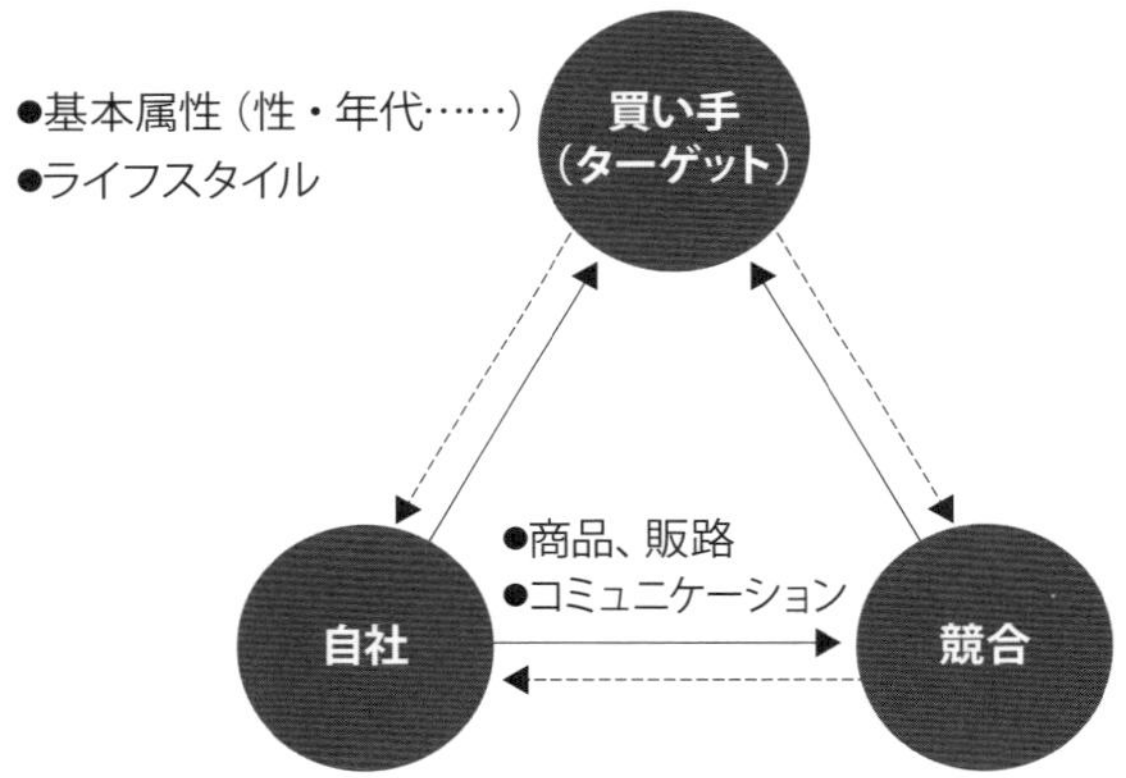

を評価して」商品・サービスを買ってもらうのか、という買い手目線は、一般の商品開発では基本ですが、これはソーシャルプロダクツ開発にも不可欠です。

これらの要素が重要となるのは、買い手が誰になるかによって、求められるデザインや価格、容量、風味、コミュニケーション等すべてが異なってくるからです。

買い手のことをよく考えずに、とりあえずデザイナーを連れてきて「デザイナーが格好いいデザインを作成してくれたから、このデザインで販売する」では、どれほど中身がいいものであっても失敗する確率が高くなります。デザイナーが売り上げの面倒を見てくれるわけではありません。

デザインにしても、容量にしても、風味にし

ても、いいものというのは人によって違うということを踏まえて、今一度、冷静に自分たちの商品と顧客を見つめ直す必要があります。

ところで、買い手のことを考えて商品をつくれば、それは必ず売れるのでしょうか？

答えはもちろん「ノー」です。なぜなら、買い手が望むレベルの基本的な品質や使い勝手、デザイン等を満たしているのは自分たちの商品・サービスだけではないからです。

これだけ多くのモノが溢れている現代の日本において、それらを一定の水準で満たすだけでは、なぜ「その商品」を選ばなければならないのかという理由が、生活者には見えません。

ですから、ソーシャルプロダクツであっても、競合他社の商品・サービスもしっかりと分析し、何が違うのか、他にはないウリは何なのかなどを伝えられるように、もう一歩踏み込んだ価値訴求をしていかなければなりません（図表15）。

コラム　認証＋α

ソーシャルプロダクツにおける認証は、社会的取り組みをしていることを客観的に伝えるうえで有効な手段です。しかしマークを見ただけでは、どのような取り組みに対しての認証なのか、たいていの場合、一般の生活者にはわかりません。結局、認証マークだけでは、そのソーシャルプロダクツの社会性はぼんやりとしか、あるいはまったく伝わらないのです。

これでは、社会的取り組みが購買行動やロイヤルティに影響を与えることはできません。それでは、購買行動やロイヤルティに影響を与えるにはどうしたらいいのでしょうか。

サラヤはRSPO認証を取得したパーム油の利用に加えてボルネオ保全トラストの支援を、オーガビッツはオーガニックコットンの利用に加えてTシャツが1枚売れるごとに地雷除去活動や桜の植樹などの取り組みに10円の寄付をしています。

このように、認証とは別に具体的で身近な支援活動を展開すると、より多くの人に、ソーシャルプロダクツとしての社会的取り組みに気づいてもらえる可能性が高くなります。

ポイント❹ モノづくりへの強いこだわり

「良いものをつくる」ことは、商品開発の基本中の基本であり、第一歩です。これはあまりにも当たり前のことですが、世の中のソーシャルプロダクツを見渡すと、この基本的なことができていないつくり手が多く見られます。要は、モノづくりに対する意識がさほど高くないということです。

もちろんソーシャルプロダクツなのですから、社会的取り組みは大事ですし、それがなければソーシャルプロダクツとはいえません。しかし、社会的取り組みをパッケージなどに書いていても、その説明に気づいたり、じっくりと読んだりする人は、残念ながらそれほど多くありません。おそらく、ほとんどの人がソーシャルプロダクツであるかどうかわからずに商品・サービスを手にしているでしょう。そうであれば、社会性云々の前に、モノとしての基本的な部分がしっかり備わっていることが重要となります。

商品が美味しくなかったり、使いづらかったり、壊れやすかったりすれば、購入やリピートをしてもらえないのは言うまでもないことです。価格については、モノとしての品質を高めることで、多少高くても許容してもらえるかもしれませんが、中身の品質が低ければ、そもそも販売のスタートラインに立てないのです。

通常、商品・サービスは、大量に広告を流し続けるといった継続的なプロモーションでも行わない限り、店頭でも、ウェブサイトでも、ほんの数秒の接点で生活者に何らかの関心を抱かせ、手に取ってもらう必要があります。そうでなければ、その先、振り向いてもらえる可能性はほぼないでしょう。

この「振り向いてもらう」ことを考えるうえで、デザインは大きな役割を果たします。手に取ってほしい人に最初に目に留めてもらえるか、家やオフィスに置いておきたいと思ってもらえ

図表16◉ソーシャルプロダクツにおける理想的な価値のバランス

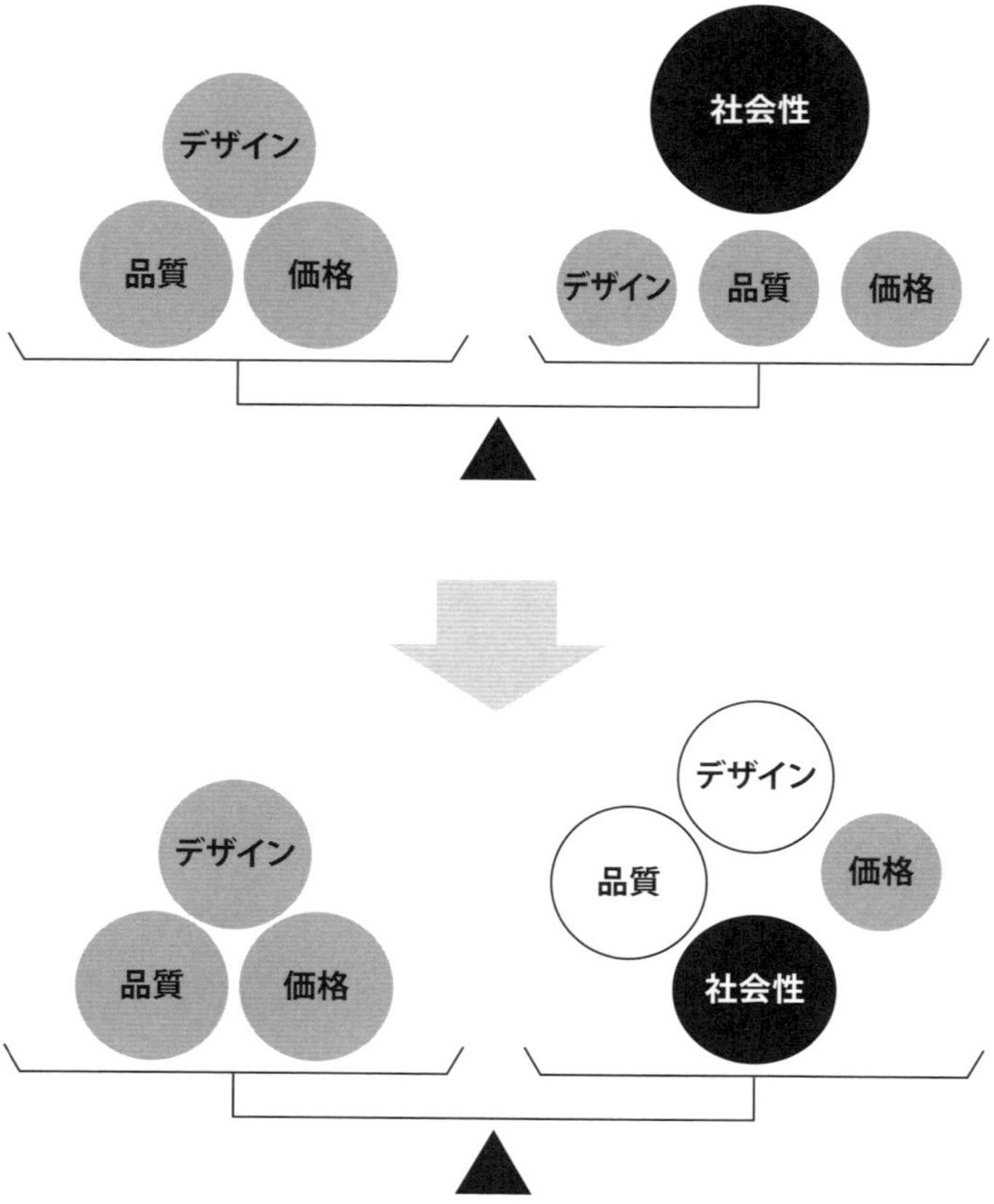

図表17◉ソーシャルプロダクツ開発に必要な2つの視点

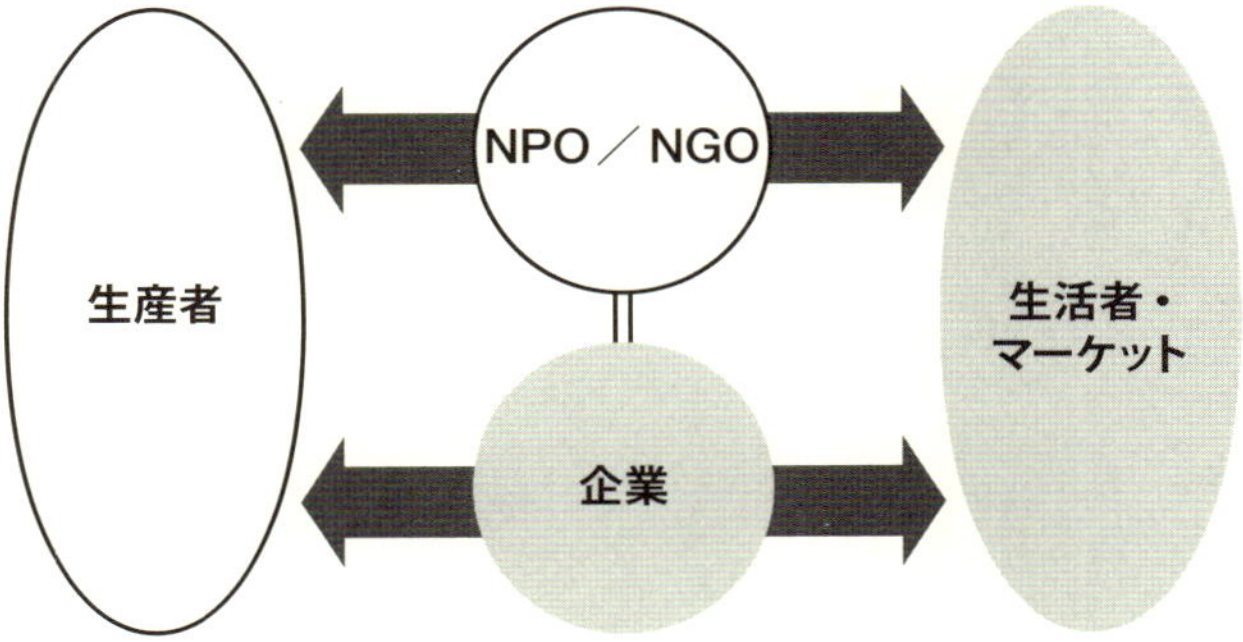

**NPOと企業が時に連携し、協力しながら
生産者と生活者の両方を見る必要がある**

るか、大切な人への贈り物に選んでもらえるかなど、さまざまな点で、デザインは大きな影響力を持ちます。そのため、食べ物であれば美味しさ。雑貨であればおしゃれな感じが、デザインから瞬時に伝わらなければなりません。

繰り返しになりますが、モノづくりで大事なのは、社会性以前に、機能や品質、デザインといった商品・サービスとしての基本的な部分をしっかりと満たすことです。社会性は、生活者にとって価値になりえますが、完全ソーシャル層（第2章図表8）などではない一般の人にとっては、あくまでもモノとしての基本的な価値が満たされたうえでのプラスアルファでしかないのです（図表16）。

一般的に、ソーシャルビジネスやNGO等の社会的活動をしている人ほど、社会的課題や課題に直面している地域・人々に対する思い入れが強くなる傾向にあります。そのため、商品・サービスの開発や販売においても社会的な側面にばかり意識が向いてしまい、商品の向こう側にあるマーケット（生活者）があまり見れていないことが多いようです。

もちろんマーケットだけを見る必要はありませんが、少なくとも両方をしっかりと見なければ、ソーシャルプロダクツの前に「プロダクツ」として成り立ちません（図表17）。

扱うものがソーシャルな〝プロダクツ〟だからこそ、社会的な部分だけに囚われないフラットな目線が必要となります。あくまでも、商品性と社会性の両方を併せ持つ商品・サービスがソーシャルプロダクツなのです。

コラム 真似＋α

本節のポイント❸「買い手目線の商品開発」で他の商品にはない価値づくりにこだわることの重要性や、「ソーシャルプロダクツの特徴」の節の特徴❺「育成に時間を要する」で社会的取り組みを継続することの重要性を述べましたが、ソーシャルプロダクツの開発・販売を始めるときに、他のソーシャルプロダクツを参考に、簡単にできることから限定した期間で展開してみるというのは、必ずしも悪いことではありません。

「ソーシャルプロダクツを立ち上げるぞ」と力むことなく、今あるものを活かしながら、小さな一歩を踏み出す。このことには、大きな意義があります。

ただし、社会的課題の解決やより良い社会の実現に対するマインドがなければ、そこからソーシャルプロダクツとして進化することもなく、物真似で終わってしまいます。また、一歩間違えれば（社会的取り組みをこれから推進していくというマインドがなければ）、ある商品・サービスでは社会的な取り組みをしているけれども、別の商品・サービスでは環境や社会に対する配慮が十分になされていないということも起こりえます。

こうなってしまうと、ＮＧＯ等から非難される可能性が高まり、結果的にソーシャルプロダクツを展開する前以上に、企業やブランドにマイナスのイメージがつくことになります（このような筋が通っていない、一貫性のない社会的取り組みやそのコミュニケーションのことを「グリーンウォッシュ」という）。

ビジネスが複雑になり、ステークホルダーも増える中で、社会的取り組みについても、すべてのことを自社だけで行うのは難しくなってきています。また、新しい価値を創るにしても、企業同士、企業とＮＧＯ、あるいは企業と生活者による共創は一段と増えています。

ソーシャルプロダクツの取り組みや展開に不安があるならば、専門家と組むことも考えてみましょう。これもある種の共創です。

ポイント❺

原料調達から消費・廃棄までの一貫した環境・社会配慮

これまでは、最終的な商品・サービスの環境負荷が低かったり、そこに社会的な配慮（寄付等）があれば、それだけでソーシャルプロダクツとして評価されました。

しかし、これからのソーシャルプロダクツは、消費や廃棄などの川下の部分だけでなく、製造段階の川中部分だけでもなく、原料調達の川上の部分までを含めた環境面・社会面での配慮が求められるようになります。

これまでのように、環境負荷の小さい製法で、環境負荷の小さいものをつくるだけでなく、原材料がどのように調達されたのかまで問われるようになるということです。

そこでは、これまでのような「どのように調達されたかはわからない」という言い訳は通用しなくなるでしょう。

このように川上から川下までの一貫したサステナビリティが求められるようになれば、これからのソーシャルプロダクツには、寄付がついているだけといったものは減り、複合的な社会的取り組みをするものが増えていくのではないでしょうか。

コラム

率と量の2つの視点

オーガニックを謳っているアパレルや食品、化粧品等の場合、原材料としてどの程度オーガニックのものを使用しているかというのは気になるものですし、そうしたことまで確認するのはとても大事なことです。

その際に注意したいのは、オーガニックの原材料の割合だけが重要なわけではないということです。もちろん、ほんのわずかしか含まれていないのに、あたかも１００％オーガニックであるかのように謳うのは言語道断ですが、はっきりと明示しているのであれば、その割合が高くなくても十分に意義があることもあります。

たとえば、オーガビッツのようにオーガニックコットンの混率が10％以上であっても、そのデザインの自由さや手頃な価格などからオーガビッツを選ぶ人が増えれば、総量としてのオーガニックコットンの取り扱いは増えます。そうなると、生産者や現地、社会にとっては間違いなくプラスです（図表18）。

また、世の中で社会性のある原材料の流通が増えれば、それにかかる間接費等を減らすことができ、結果的に生活者が手に取りやすい価格になるという効果も期待できます。

完全ソーシャル層（第２章図表８）は、１００％の環境配慮や社会配慮をプロダクツに求め

図表18◉率と量の視点

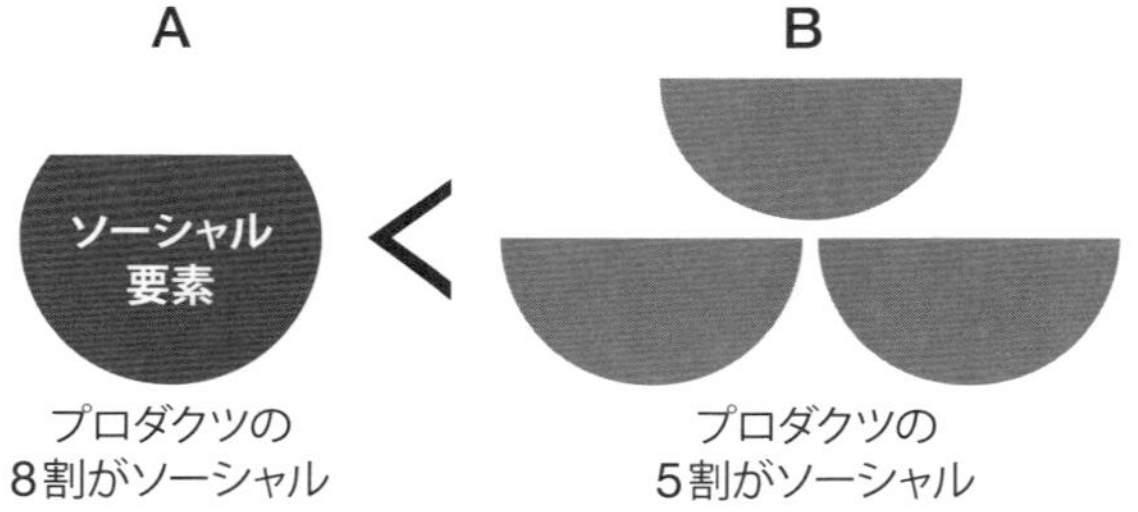

デザインや価格がこなれていて、Bのほうが手に取りやすい生活者が多いのであれば、それもOK

るかもしれませんが、それによってデザインが限られ、価格も高いソーシャルプロダクツしか存在しなくなるようでは、ソーシャル潜在層以下はもちろんのこと、ソーシャル顕在層であってもソーシャルプロダクツを手にすることはできません。繰り返しになりますが、ソーシャル顕在層でも、まず大事なのは商品の品質やデザイン、機能性、価格などモノとしての本質的な部分です。

全体としてより良い社会の実現を目指すのであれば、完全ソーシャル層からソーシャル無関心層まで、それぞれの層の存在やその価値観を認め、受け入れることが重要です。そのうえで各層に合わせて、ソーシャルプロダクツの普及、マーケットづくりに取り組んでいく必要があります。

すべてが最初から理想通りにいくわけではありません。変化は遅れてついてきます。今ある一般的な商品・サービスよりも、少しでも環境や人、社会に配慮があるものを選んでもらい、それを使ってもらう中で、より配慮がなされたものに関心を持ってもらう。そうしたステップでいいのだという柔軟な考え方が、ソーシャルプロダクツの普及には求められます。

ポイント❻
価値伝達のための社会的課題の見える化

一般的に、商品やブランドが取り組む社会的な課題の多くは、生活者には見えていませんし、ましてや実感することなどありません。聞いたことはあってもどこか遠い存在であるため、自分事化できなかったり、それに対する取り組みにもすぐには共感できないのです。

たまに、ソーシャルプロダクツをつくったけれども、販売部門の人が動いてくれない、生活者にあまり響かないという声を聞きますが、モノをつくっただけであれば、これは当たり前の反応です。社会的課題を見える化していない、自分事化していない人に「モノができました。こんなストーリーがあります。では売ってください（買ってください）」と言っても、それを一度聞いたくらいでは、おそらく「あ、そうですか」という反応しか得られないでしょう。言われて大事だと思ったとしても、それを身近に感じるというのは、そうそうできることではありません。

人に自主的に動いてもらうには、単なる理解でなく、自分事化や共感がとても大事です。そして、それは生活者だけでなく、従業員についても同様です。チチカカでは、「商品を通じてつながっている人たちやその社会的課題」を実感してもらうために、従業員に生産の現場（発展途上国や新興国）を訪問させています。

そうすることで彼らは、生産現場にある社会的課題を自分事化できるようになります。そうなると、自分たちの商品の社会的な取り組みや価値を伝えるために、こんなPOPをつくってみようとか、こんな売り場にしてみようというような工夫がどんどん生まれてきます。

チチカカでは実際に現場に行く従業員、体感する従業員を時間をかけて増やし、ブランドの理念や姿勢を浸透させ、それを外部に伝える力をジワジワと上げています。こうしたことには時間がかかりますが、結果的にブランド力を高めることにつながります。社会的課題の見える化は簡単にできることではありません。あきらめることなく、地道な活動を続けてほしいと思います。

コラム

社会的取り組みにかかる費用の内部化

ソーシャルプロダクツにおいて、社会的取り組みにかかる費用は商品の原価であり、生活者に伝える費用は広告・宣伝費あるいは販促費です。これを間違っても、CSR費やその他の経費に計上してはいけません。そうした経費に計上してしまうと、ソーシャルプロダクツの本質を見誤ってしまう恐れがあります。

たとえば、業績が悪化し、CSR費を削減しなければならなくなったとします。もし、商品の社会的取り組みにかかる費用やそのコミュニケーション費をそこに計上していたら、ソーシャルプロダクツの開発・販売はストップしてしまうでしょう。これは、ソーシャルプロダクツとしての根幹に関わる大きな問題です。

ソーシャルプロダクツの開発・販売は、あくまでも持続可能な事業にすべきです。ですので、ソーシャルプロダクツであるためにかかる費用は、単なる社会貢献活動の費用とは明確に切り分けるようにしてください。

ポイント❼
相手のマインドや価値観を考えたコミュニケーション

社会的意識・行動面から生活者を分類したソーシャルピラミッドで一番上に位置する完全ソーシャル層は、ソーシャルマインドが特に高い人たちの層です（第2章図表8）。ですから、危機的

図表19◉商品・サービスのメインの価値とプラスアルファの価値

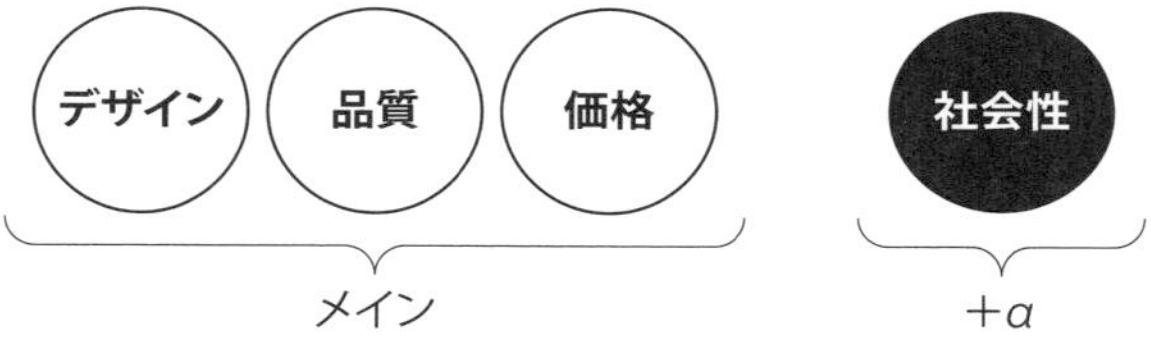

ソーシャル顕在層にとって、ソーシャルはメインではなく ＋α
（ソーシャルが前面でもダメ、伝わらなくてもダメ）

な状況や悲惨な実態を伝え、社会的課題に対する取り組みを前面に出せば、共感して動いてくれることも少なくありません。

しかし、２番目のソーシャル顕在層以下はそうはいきません。これまでにもたびたび述べてきたように、社会的取り組みに対する共感は彼らにとってプラスアルファでしかなく、それに優先する価値は他にあります（図表19）。

確かに、このプラスアルファが生活者の選択を決定づけたり、購買を後押しするということはあるので、それはそれでとても重要ですが、ソーシャル顕在層以下もターゲットとするのであれば、社会的取り組みがメインの価値にもなりえる完全ソーシャル層とソーシャル顕在層以下はまったく異なるものとして扱う必要があります。

図表20◉商品性×社会性に見るマーケットの規模（価格が同じ場合）

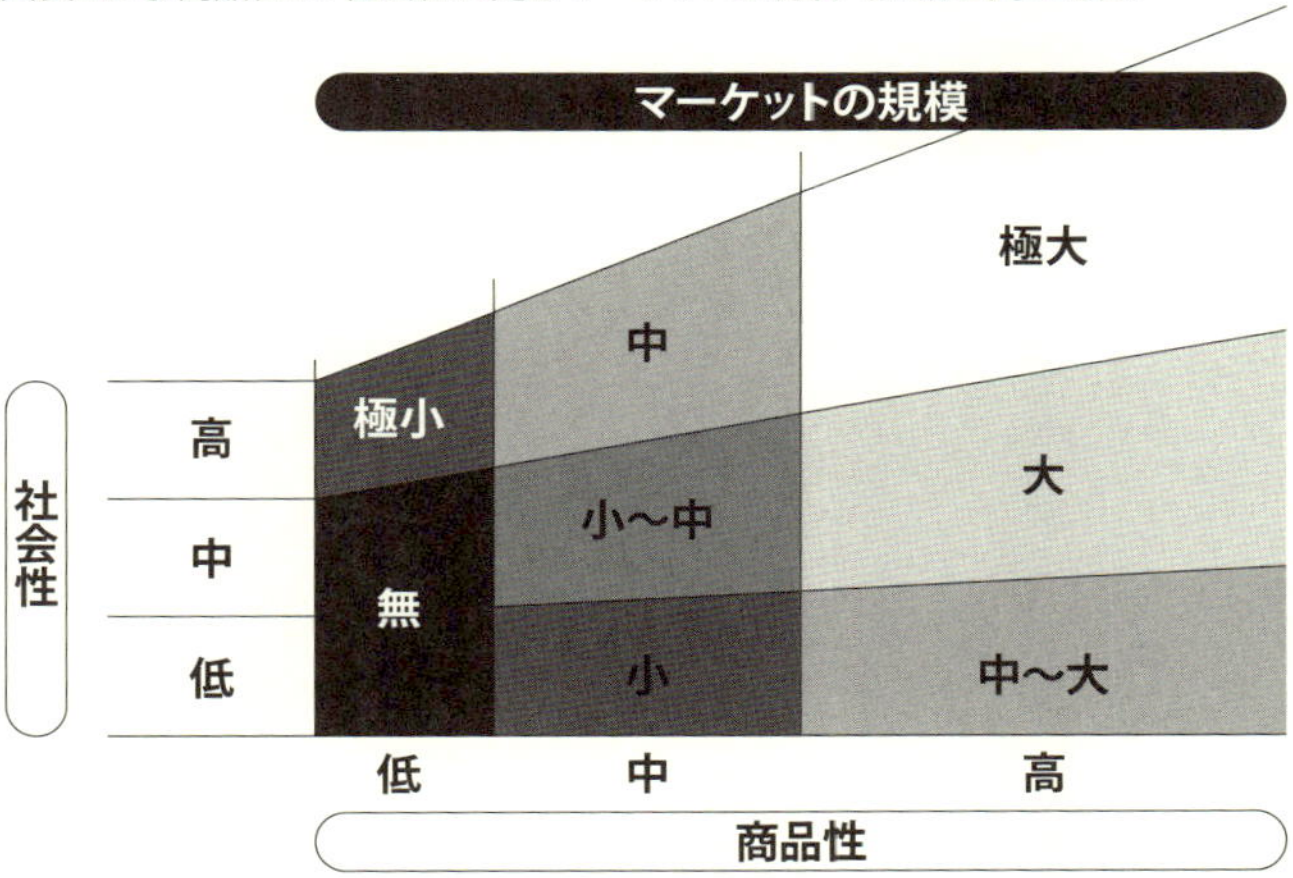

ここで、なぜソーシャル顕在層以下もターゲットにしなければならないのかと不思議に思うかもしれません。完全ソーシャル層だけを対象にするビジネスをすればいいのではないかと。

たとえば、障がい者はその関係者も含めれば絶対数が多いので、社会福祉への取り組みをメインに据えたソーシャルプロダクツであれば、完全ソーシャル層だけを対象にしていても大きなビジネスになる可能性はあります。

しかし、ほとんどの場合、そうはいきません。それは、その他の社会的課題の場合、完全ソーシャル層は全体の数％（1～5％未満）程度しかいないと推計されているからです。

したがって、ソーシャルプロダクツやソーシャルビジネスを通して多くの人たち、大きなマーケットを取り込んでいきたいと思うのならば、少なくともソーシャル顕在層までは見据える必要があります。

図表20は、社会性と商品性から見たマーケット規模を表したものです。上に行っても、右に行っても、その面積で表されるマーケット規模は大きくなりますが、縦よりも横のほうが変化の量が大きくなっています。これは、社会性の度合いよりも商品性の度合いに反応する人が多いということを表しています。

それでは、どうやってソーシャル顕在層を取り込めばいいのでしょうか。そのためには、彼らが求める価値やその優先度を把握し、それらを適切な方法や表現で、きちんとコミュニケーションすることです。

たとえば、同じ社会的課題や社会的取り組みを訴求するのでも、完全ソーシャル層は、先述のように危機的な状況や悲惨な実態をそのまま発信し、「助けてください」などとストレートに伝えればいいですが、ソーシャル顕在層は深刻なことを深刻に伝えると、引いていってしまうことが多々あります。

彼らは、それらの社会的課題が大事な問題だと感じる一方で、自分にとっての関心に占める相対的なウェイトが低いソーシャルの深刻な話が、商品・サービスの物理的、金銭的価値を棄損することを嫌うのです。

したがって、ソーシャル顕在層にはネガティブな表現は避けて、「こんな幸せな、明るい未来を一緒につくれます」とか、「こんな新しい変化を一緒に起こせますよ」といったポジティブなメッセージを通して巻き込むほうが高い効果を得られます。

蛇足ですが、自分たちが価値を届けたいのは誰なのか、その人たちは普段どのような生活を送り、どのようなものを購入しているのか、彼らが選択した他社の商品・サービスはどのような価値訴求を行っているのか、自分たちの商品・サービスは他にはないものとして何を提供できるのか、といった観点からコミュニケーションを考えていくと、自分たちのソーシャルプロダクツにどの程度の実力があるのか、モノとして生活者にどの程度受け入れられているのか等、自分自身がよくわかっていないことに気づくことがあります。

いい機会ですので、自分たちのソーシャルプロダクツを徹底的に調べ、独自の価値とその最適な伝え方を探ってみてください。

コラム

選択肢の提供

ソーシャルプロダクツのあるべき姿は、押し付けるのではなく、生活者自らに選択してもらうことです。そのためにも判断できるだけの十分な情報の提供は必要です。

ただ、そうした情報だけでなく、ソーシャルプロダクツそのものの選択肢が十分に提供されることも、選んでもらううえでの大事なポイントです。

ソーシャルプロダクツを扱っているメーカーや小売りに寄せられる生活者の声の中には、「いくら社会的にいいモノで、それ自体のモノがよくても、ある程度の品揃えがないと自分の好みに合うものを見つけられない」というものがあります。

ターゲットが完全ソーシャル層であれば、限定的な品揃えでも問題はないかもしれません。しかし、ソーシャル顕在層やその下の層の多くの人たちを取り込みたいのであれば、品揃えを充実させることは不可欠です。特定の産地の、特定の風味の、特定の価格帯のコーヒーしか扱っていないフェアトレードのコーヒーショップでは、顧客として取り込める人は非常に限られてしまいます。

とはいえ、いきなり自社だけで多くの種類のソーシャルプロダクツを揃えるのは難しいこともあるでしょう。その場合には、同じカテゴリーの選択肢がすでにある程度揃っている店舗に一緒に並べてもらったり、同じカテゴリーの商品・サービスを扱っている店舗が出店しているインターネット上のショッピングモールなどに出店したりするのもひとつの手です。

ポイント❽

社会的取り組みの成果検証

一般的な商品・サービスの多くは、成果を売り上げやマーケットシェアによって計りますが、ソーシャルプロダクツの成果はそれだけで決められるものではありません。

ソーシャルプロダクツの目的は、ビジネスとして回しながら、その商品・サービスによってより良い社会をつくることです。ですから、ソーシャルプロダクツが広がることで社会がどのように変わったのかも、重要な成果になります。

その部分を忘れて売り上げだけを追求しても、ソーシャルプロダクツとしては失格です。

また、社会的な成果や影響を数値としてまとめ、外部にわかりやすい形で公表することも大切です。それらを公にすることで、社会的取り組みに対するユーザーの参加感や貢献感が生まれたり、ソーシャルプロダクツに対する信頼感や、社会は変えられるという期待感が高まったりします。

こうした点では、ベン&ジェリーズの取り組みから学べることが多いでしょう。売って終わりではなく、買ってもらった時点がスタートになるのがソーシャルプロダクツです。

コラム

PDCAはできるだけ細かく回す

買い物を通じたより良い社会づくりへの参加・貢献のニーズは間違いなく存在しますが、それはどこか1カ所に固まっているわけでも、まんべんなく広がっているわけでもありません。

これまでのAPSP調査から、社会的意識や行動のレベルが高い人には「女性」「既婚」「子持ち」「高所得」等の特徴があることが判明していますが、これらの特徴を持っている人は、日本各地、世界各地に偏在します。ですから、全体を一括りにして検証するだけでなく、たとえば地域レベルにまで落として成果を細かく分析し、戦略を立てる必要があります。

ソーシャルプロダクツの戦略的マーケティング

ソーシャルプロダクツはあくまで〝商品・サービス〟ですので、その浸透には一般的な商品・サービス同様にマーケティングの実践が必要です。本来であれば、マーケティングの基本やフレームワーク、最新の概念や潮流などもここで取り上げたいところですが、この本はマーケティングの解説書ではないので、それは他の書籍に任せたいと思います。

ただ、ソーシャルプロダクツには、一般的な商品・サービスにはない特有のマーケティングやブランディングの要素もあります。そこで、ここでは他の書籍には載っていないその部分に絞って簡単に紹介します。

ブランドとしての育て方

ソーシャルプロダクツの販売を増やし、ブランドとして成長させ、より良い社会を実現するには、できるだけ多くの人を巻き込むことが重要です。そして、その人たちと強いつながりを築く必要があります。

一般的に、商品・サービスのユーザーを分類すると、ブランドロイヤルティ別にピラミッドの構造になっており、上の階層になるほど人数が減る反面、その商品・サービスやブランドに対する好意的なイメージは上がり、ロイヤルティも高くなるといわれています（図表21）。

そのようなブランドロイヤルティの高い人たちを、ソーシャルプロダクツでも増やせばいいのですが、そうしたユーザーは一朝一夕に生まれるものではありません。

図表21◉ブランドロイヤルティのピラミッド

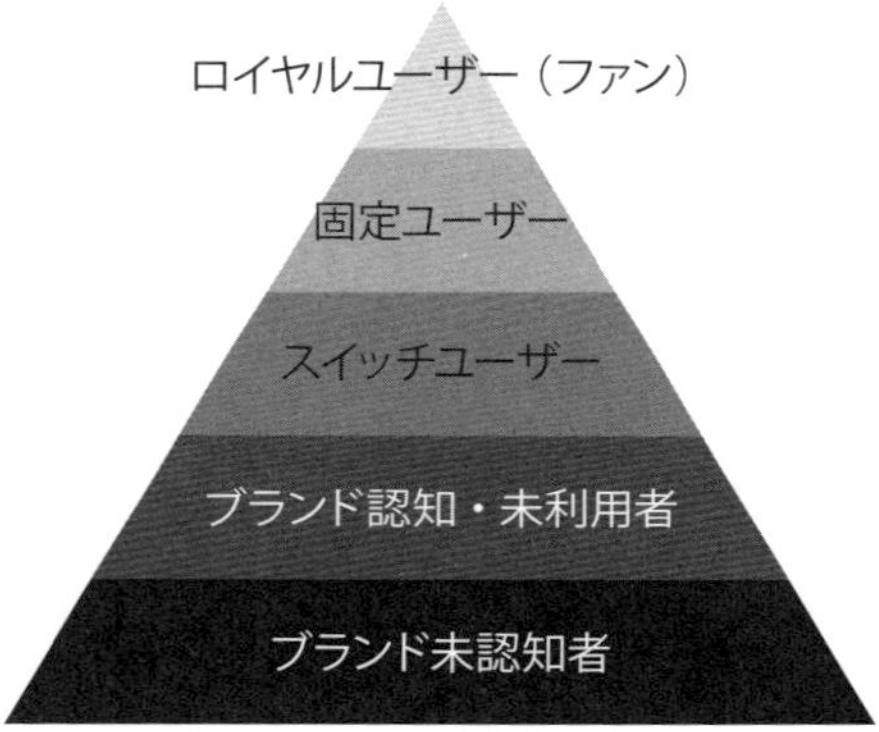

ところで、ここでは注意したいのは、ソーシャルプロダクツにおいて、必ずしも完全ソーシャル層＝ブランドのロイヤルユーザーではないということです。確かに、完全ソーシャル層は商品・サービスの社会的取り組みを高く評価するので、ソーシャルプロダクツのロイヤルユーザーになってくれる可能性は他よりも高くなります。しかし、そこには当然商品性なども影響しますので、完全ソーシャル層の全員がロイヤルユーザーになるわけではありません。

一方で、商品・サービスのモノとしての価値を高く評価し、社会的取り組みもプラスアルファの価値として評価するソーシャル顕在層やその下のソーシャル潜在層も、ブランドのロイヤルユーザーとなりえます。ですから、両者を混同しないように注意する必要があります。

ロイヤルユーザーの育成

それでは、ソーシャルプロダクツでは、どのようにしてロイヤルユーザーを育成していけばいいのでしょうか。

まず、完全ソーシャル層ですが、彼らに対するコミュニケーションは、ブランドロイヤルティのピラミッドのどこに位置しているかに関係なく、主として社会的取り組みを発信し続けることです。彼らには、それだけで十分効果があります。

商品・サービスをすでにある程度利用し、モノのことがすでにわかっているスイッチユーザーや固定ユーザーに対しては、社会的取り組みの発信を通じて、彼らのより良い社会づくりへの参加感や貢献感を高め、ユーザーとブランドのエンゲージメントをさらに強めるようにします。もちろん、ソーシャル無関心層もいますので、それで全員がロイヤルユーザーになるわけではありませんが、比較的効果があります。

一方、商品・サービスをほとんど、あるいはまったく利用したことがなく、そもそもどのようなモノなのかもよくわかっていない人の場合（完全ソーシャル層の人を除く）、前にも述べたように、まずは手に取ってもらい、試してもらって、モノとしての良さを実感してもらいます。最初から社会的取り組みのことを伝えても、彼らには響きません。なぜなら彼らには、社会的取り組

図表22◉商品・サービスの売れる状態

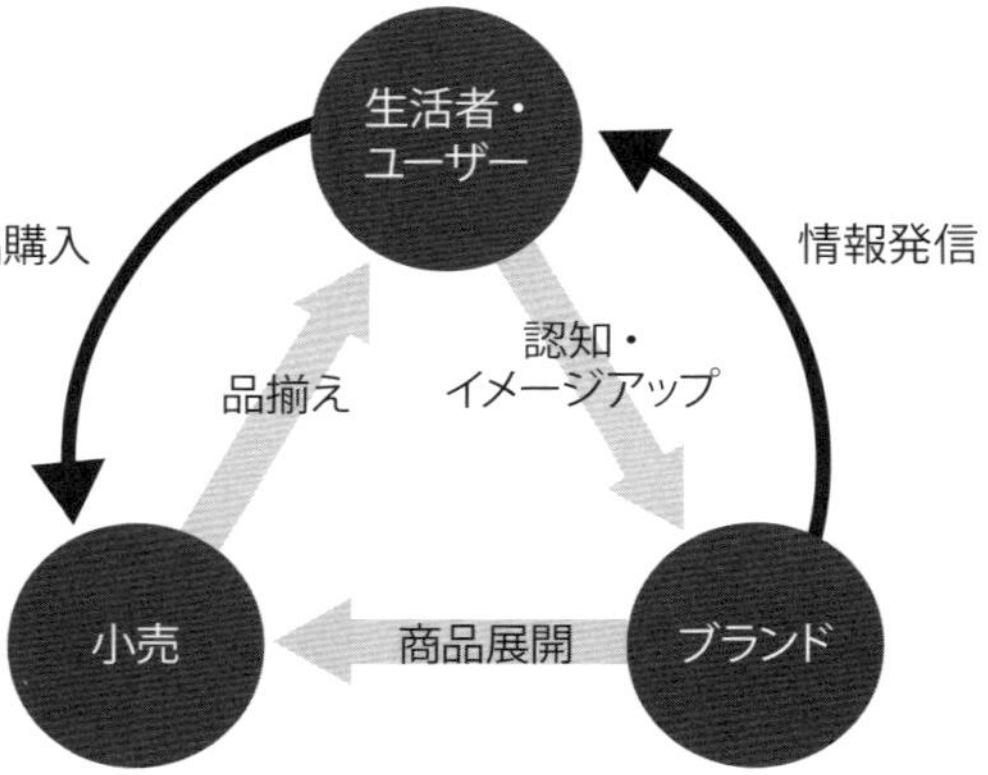

み以上に大事なことがあるからです。

ベン&ジェリーズでは、「パッケージが可愛い」「フレーバーが好き」といったモノベースの価値をブランドへの入口にしていますが、社会を変えるにあたり、ソーシャルとは別なモノベースの価値を前面に出し、一般の生活者とコミュニケーションを図るというのはある意味理にかなっています。

生活者と共に社会を変えたいのであれば、まず商品やブランドについて知ってもらうことが大事です。食べてみて美味しいと思ってくれればまた買ってくれますし、そもそも美味しくないのであればその先はないのです。

認知獲得のプロモーション

認知を獲得するためには何らかのプロモー

ションを行う必要があるわけですが、巷でよく目につくインパクトに頼った派手な仕掛けは、一時的に注目を浴びたり、たくさんの人に手に取ってもらえる可能性があるものの、単発で終わってその盛り上がりが持続しないことがほとんどです。

もちろんソーシャルプロダクツだからといって地味な展開をしていたら、誰にも気づいてもらえませんし、生活者にも選ぶワクワク感や楽しさが生まれません。だからといって、奇をてらった、話題性だけの打ち上げ花火的なプロモーションをしても、ソーシャルプロダクツの本質的価値は伝わらず、その後の落ち込みが大きくなってしまうだけです。それでは元も子もありません。

繰り返しになりますが、ソーシャルプロダクツにおいて重要なのは「継続」です。したがって、常にインパクトと継続とのバランスを考えるようにしなければなりません。

また、これは当たり前のことですが、認知度だけが高まっても、購入可能場所が少なければ売り上げは伸びません。逆に、購入場所がたくさんあったとしても、認知度が低ければ売れ行きが上がらず、結果的に店頭から棚落ち（商品の取り扱いがなくなること）してしまいます。

売れる状態を維持するために考えなければいけないことは、認知者の数と買える場所の数のバランスをとることです（図表22）。

商品の社会性の戦略的活用

欧米では、商品・サービスの社会的取り組みを戦略的に活用する動きが進んでいます。一方、日本ではそのような〝意識〟ですら芽生えているとはいえない状況です。

この差の背景には次の2つのことが大きく関係していると見ています。

①欧米では、各種の基準や規制から、生産者やメーカー、流通等に至るまで、ソーシャルプロダクツに関する情報が、入手しやすい状態で、豊富にある

②欧米では、NGO活動等が非常に活発で、ソーシャルプロダクツではない一般の商品・サービスに対して厳しい監視の目がある

こうしたことから、欧米では新たなソーシャルプロダクツの開発や新規参入がとても盛んで、一般の商品・サービスとの競争だけでなく、ソーシャルプロダクツ同士でも競争する環境が生まれています。

たとえば、アメリカではSafewayのBRIGHT GREEN、Krogerのsimple truth、Target

のSimply balancedのように、大手小売りの多くがプライベートブランドとしてソーシャルプロダクツのラインを展開しています。

これは、単に社会性のあるものをつくっているだけでは、もはやダメだということを示しています。このように、ソーシャルプロダクツは単なるモノづくりから、その先のマーケティングや戦略を考える段階に入っているのです。

また欧米では、持続可能な原材料調達・加工等が行われていない企業をブラック企業と批判し、不買運動が起こされるということがたびたびあります。そうしたリスクを理解している企業はＮＧＯと一緒になって社会的課題に関するルールを策定し、逆にそのルールを戦略的に活用しています。

パーム油に関するＲＳＰＯ認証もそうですが、ルールに則した原材料がそれほど市場に出回っていないうちから、自社でそうした原材料を押さえ、「見てください。われわれはちゃんと持続可能性に配慮しています（他社はどうだかわかりませんが）」と言うわけです。

他社を貶めるような戦略を特に称賛するわけではありませんが、ソーシャルプロダクツを通じた社会的取り組みは、ビジネス戦略としても有効に機能することを知っておいて損はありません。

相性のよい企業規模と商品タイプ

図表23に、企業規模と商品のタイプで分けたときに、どの組み合わせがソーシャルプロダクツとして相性がよいのかをまとめてみました。コンビニエンスストアやスーパーマーケットで普段から買うような日用品や最寄品は、多くの生活者がすでに内的参照価格（基準価格）を持っているので、ソーシャルプロダクツであっても価格（＝規模の経済）がかなり重要となります。つまり、ある程度のボリュームで商品をつくることで各種コストを下げ、お手頃な価格で商品・サービスを提供することのできる大企業と相性がいいというわけです。

一方で、耐久消費財や趣味のための品といった買回り品や専門品は、購買における価格の重要度が日用品等と比べると相対的に低下します。また、日用品に比べればマーケットが小さく、価格以外のオリジナリティや希少性といった価値も重視されます。こうしたことから、中小企業でも勝負ができるのではないかと思います。

ちなみに、図表23はあくまでも相対比較です。三角がついているから、中小企業は日用品のソーシャルプロダクツ開発・販売に適していないというわけではありません。

いずれにしても、持続可能性に配慮した原材料は世の中に出回っている量にまだ限りがありま

図表23◉企業規模×商品タイプにみる相性のいいソーシャルプロダクツ

	日用品・最寄品	買回り品	専門品
大企業	◎	○	○
中小企業	▲	○	◎

すし、そもそも大量栽培・生産にも向いていません。そのため、普通の原材料を使う一般の商品・サービスに比べて、商品カテゴリーを問わず、規模の経済が働きにくいのは間違いありません。

その点でいえば、どの領域であっても、プレーヤーを問わず十分ビジネスチャンスがあるといえます。それぞれの立場や状況を考慮して、ぜひ戦略的にソーシャルプロダクツを展開してみてください。

なお、これは本書発売時点での分類です。たとえば３Ｄプリンターの普及等で、大量に商品を製造しない個人や中小企業の製造コストが劇的に低下すれば（今後確実に低下すると思いますが）、この分類もまた変わってくるでしょう。

ソーシャルプロダクツのマーケットを活性化させるうえでの課題

いつの時代も、どんなビジネスやスポーツも、失敗や課題から学ぶことは多いといいますが、それはソーシャルプロダクツでも同じです。

この章の最後に、ソーシャルプロダクツを取り巻くさまざまな課題を、供給側、需要側の双方から取り上げて、ソーシャルプロダクツのマーケットを活性化するヒントを得たいと思います。

供給側の問題

最初に供給側の問題です。次のデータは、「ソーシャルプロダクツを買っていない理由」として生活者が挙げたものです。ＡＰＳＰ調査より10％以上の回答があった上位5つを抜粋しました。

①どれが「社会性のある商品」なのか分からない　44・3％
②「社会性のある商品」は、一般的な商品に比べて価格が高い　32・8％
③身近なところに「社会性のある商品」を買える場所がない　29・3％
④「社会性のある商品」は、種類が限られている　20・9％
⑤「社会性のある商品」は、社会的取り組みの実態が十分に見えない　12・5％

これを大きく分けると、「商品の問題（②、④）」「コミュニケーションの問題（①、⑤）」「販売の問題（③）」の3つに分けることができます。それぞれどう対応すべきなのか、見ていきましょう。

商品の問題

◉社会性のある商品は一般的な商品に比べて価格が高い

これは、ソーシャルプロダクツ全般の課題であり、価格が重要な日用品に限った話ではありません。原因としては、オーガニックのようにそもそも栽培に手間がかかったり、収量が少なかったりすることで原材料自体が高くなっていることもありますし、限られた生産量であるがゆえに、製造や物流をはじめとする経費などが上がっているということもあります。

モノとしての価値とは必ずしも結びつかない（生活者に理解してもらいにくい）部分で、結果的に価格が高くなってしまっているというわけです。

ニワトリが先か卵が先かということになってしまいますが、手に取りやすい価格でソーシャルプロダクツの販売を増やし、取り扱いボリュームを拡大することで間接経費などを下げ、よりお手頃な価格で提供していくことが解決策のひとつになると思います。

価格決定の方法も見直すべきでしょう。ソーシャルプロダクツの多くは、単純にコストを積み上げて、それを元に売価を決定しています。しかし、これでは同じカテゴリーの一般的な商品・サービスと比べて割高になり、生活者からはそっぽを向かれてしまいます。

価格を決定する際は、同一カテゴリーの一般的な価格、競合他社の価格を参考にして、生活者の手の届く範囲内にする必要があります。そして、それに合わせて削減できるコストはないかと考えるのです。コスト削減といっても、原材料を買い叩くわけではありません。そうしなくても、作業の仕組みや進め方を見直すなど、できることはたくさんあります。

また、社会的取り組みに回す部分の費用についても、柔軟に考える必要があります。たとえば、1つにつき200円が何らかの支援につながる1000円の商品を10個売るのと（支援総額：2000円）、1つにつき50円の支援ができる850円の商品を300個売るのとでは（支援総額：15000円）、後者のほうが全体で見たときの社会的インパクトは大きくなります。

よく、私自身でも高いなと思うソーシャルプロダクツが長いこと売れずに店頭や倉庫で眠っていることがありますが、眠っているものは何も生み出しません。価格決定にあたっては、生活者も含めて全体がウィン－ウィンになるような設計をしてください。

◉社会性のある商品は種類が限られている

バリエーションの問題は、「ソーシャルプロダクツ開発・展開のポイント」節のポイント❼のコラムでも触れたように購買に直結します。品揃えが少なければ、嗜好として合致する人が限られるだけでなく、自らが〝選んで買いたい〟という人間の心理にも反しているため購入されにくくなります。

また、そのソーシャルプロダクツを扱っている企業・団体の知名度が低ければ、生活者はその企業・団体を信頼できるのかがわからず、商品が良くても敬遠されてしまうこともあります。

この問題の解決策は、できるだけ多くの企業・団体にたくさんのソーシャルプロダクツをつくってもらうに限ります。そのためには、本書のように、その魅力や意義を伝えたり、成功している企業やブランドの情報をＳＮＳ等で広く共有したり、優れたソーシャルプロダクツを表彰するアワードのようなプロモーションの機会を設けるなどして、企業にビジネスとして関心を持ってもらいます。

コミュニケーションの問題

◉どれが社会性のある商品かわからない

この問題に関しては、私たちのような協会や各種認証団体などがもっと一般の生活者向けに情報発信を強化していくことが必要ですし、ソーシャルプロダクツを扱っているメーカーや小売りにも、わかりやすいコミュニケーションや売り場を考えてもらう必要があります。ちなみに、わかりやすいコミュニケーション＝社会性を前面に出すことではない、というのは、これまでにも伝えてきている通りです。

世界最大級の広告・コミュニケーション関連のアワードである「カンヌライオンズ」では、近年、生活者から共感されやすいより良い社会づくりにつながる広告やコミュニケーションが高い評価を受けるようになってきています。２０１５年は筋萎縮性側索硬化症（ＡＬＳ）の患者や研究を支援するために、指名されたらバケツ１杯の氷水を頭からかぶるか、ＡＬＳの団体に寄付をするという「アイス・バケツ・チャレンジ」が受賞しました。善し悪しは別にして、これもわかりやすいコミュニケーションのひとつです。

コミュニケーションは、広告などのように、生活者にダイレクトに訴える手法だけとは限りません。リアル店舗でも、オンラインショップでも、どのような売り場をつくるかは店側の意志の表れであり、来店客に対する最も重要なメッセージ、コミュニケーションのひとつです。

ただし、ソーシャルプロダクツに関しては、どのように並べるかで生活者の受け取り方や印象が大きく異なってきますので、商品のグルーピングには慎重な検討を要します。特に同一カテゴリーでも、価格によって選ばれる商品・サービスとソーシャルプロダクツを同じ売り場で一緒に扱うかどうかはとても難しい問題です。

たとえば、そうした商品と一緒にソーシャルプロダクツを並べた場合、ソーシャルプロダクツというものを知らなかった人に気づいてもらえる可能性はあるものの、もっぱら価格的な面から商品・サービスを評価されてしまい、本質的な価値は伝わらないかもしれません。

逆に、ソーシャルプロダクツを価格訴求の商品・サービスとは別の場所で扱えば、価格競争に巻き込まれずに価値を訴求することができますが、もともとソーシャルプロダクツに関心がある人にしか気づいてもらえないでしょう。

その意味では、販売するソーシャルプロダクツが属する商品カテゴリーや取扱店舗で、生活者が一般的にどのような価値（価格、品質、デザイン、背景等）を評価しているのかをしっかり把握することが重要となります。そしてそのうえで、商品カテゴリーや店舗、ユーザーが価値重視ならば一般の商品・サービスと一緒に、そうでなければ分けるなど、状況に応じて判断するのがよいと思います。

また、直接的にはコミュニケーションの話ではありませんが、ソーシャルプロダクツにおいてスター商品（誰もが知っている人気の商品）を生み出せるかどうかは、コミュニケーションに大きく影響してきます。そうしたものが1つあるだけで、生活者のアンテナの感度が高まり、他の商品・サービスでも背景やストーリーをしっかり見てもらえるようになります。さらに売り場でも、ソーシャルプロダクツの存在に気づいてもらいやすくなります。その意味では、スター商品の育成は、コミュニケーションの工夫や改善と共に進めていかなければならないことです。

◉社会性のある商品は、社会的取り組みの実態が十分に見えない

商品・サービスにおける社会的取り組みは、しっかり届けば、多くの人が共感しやすいものです。一方で、寄付などでは人の善意につけ込んだ詐欺（寄付すると言って集めたお金を寄付しない等）のようなものも発生しています。そのため、そうしたことを知っている生活者の中には、「社会貢献」や「より良い社会」といわれることに警戒感を持っている人がいるのも事実です。

それにもかかわらず、ソーシャルプロダクツのコミュニケーションは、うまく行われているとはいえません。ただでさえ社会的課題は見えづらく、より良い社会づくりというのは実感しにくいものです。伝える際にも、購入した人が貢献感や参加感を感じられるような工夫が必要になりますが、そうした工夫ができているソーシャルプロダクツは一部に限られています。場合によっ

ては、社会性の押し付けではないかと思えるものさえあります。

大事なことは、一般のものでも、社会性のあるものでも、商品・サービスを通じて生み出される変化や、その先の世界をリアリティをもって伝えることです。

そうしたコミュニケーションをとても上手に行っている団体に、発展途上国の地域開発を進める国際NGO、PLAN（プラン）があります。PLANでは生活者が会員となり、毎月一定額の会費を払うことで支援地域の社会インフラや生活基盤の改善を行い、地域の子どもたちの健やかな成長をサポートしています。

といっても会員は、単に一方通行の金銭的な支援をしているのではありません。各会員が支援地域の子ども一人ひとり（特定のチャイルド）とつながり、その子どもたちから定期的に近況報告が送られてくるようになっています。

手紙の内容もそうですが、こうした仕組みがあることで、会員は支援の先で起こっている変化を身近に感じられ、そこに参加感や貢献感が生まれます。その結果、会員と被支援者（＝PLANの支援サービス）とのつながりが密になり、継続的なサポーターとなるのです。

なお、近況報告は手紙で直接送られてきますし、会員自身も社会的な取り組みの内容に関心があるので問題はないのですが、そこまで生活者の関心・関与度が高くない場合（完全ソーシャル層でない場合）は、情報の出し方にも工夫が必要です。たとえば、ホームページならば、取り組み情報や支援の成果を発信するページをできるだけトップのほうに、わかりやすい動線で置いておかないと、その存在は気づかれず、閲覧されることもありません。

情報を発信しているのに生活者の反応が薄い、取り組みを理解してもらえていないという企業の声をよく聞きますが、情報は発信するだけでなく、相手に届いてはじめて意味があるものです。情報を届けようとしている人の生活スタイルや関心の優先順位を考え、その生活動線上でストレスなく、スムーズに情報が受け取れるよう心掛けてください。

◉コミュニケーションの質

ソーシャルプロダクツを買わない上位5つの理由には挙がりませんでしたが、個人的には、社会的な取り組み以外の、モノそのものに関連する価値コミュニケーションも、ソーシャルプロダクツの課題として挙げておきたいと思います。

前述したように、歴史的にソーシャルプロダクツの多くは、社会的課題に強い関心を持つ個人やNGOから誕生してきました。彼らにはソーシャルプロダクツによって社会的課題を解決しようという意欲はあるものの、商品開発や販売の経験がある人は少なく、マーケティングの意識や知識も希薄です。

事実、ソーシャルプロダクツを扱っている実店舗やインターネットのショッピングサイトの多くが、社会性以外では商品の物理的情報を伝えている程度です。

店舗空間、あるいはウェブ上の写真やテキストで、その商品・サービスがユーザーの生活シーンでどのような価値を生むのか、ライフスタイルをどう豊かにしてくれるのかまでをしっかりと表現できているところはほとんどありません。

インターネットのショッピングサイトの商品ページであれば、商品を食べたり飲んだりしているシーンや身に着けている様子の写真、使い方の提案など、本当に初歩的なことができていないところが多いのです。一般の商品・サービスが日夜改善や工夫を続けているこうしたコミュニケーションにおいて、この差はあまりにも大きなものがあります。

ソーシャルプロダクツの関係者はこうしたところからまず変えていかないと、一般の商品・サービスと戦えず、いつまでたってもユーザーの拡大はできないでしょう。

販売の問題

◉身近なところに社会性のある商品を買える場所がない

この問題を解決する方法は2つあります。

ひとつは、大手小売りなどに頑張ってもらって全国津々浦々でソーシャルプロダクツを買える店舗を展開するという方法です。２０１５年9月に、茅ヶ崎のイオンのショッピングセンター内

図表24◉ソーシャルプロダクツを扱っているサイトの例

Abby Life

http://www.abby-life.com/

ARIGATO GIVING

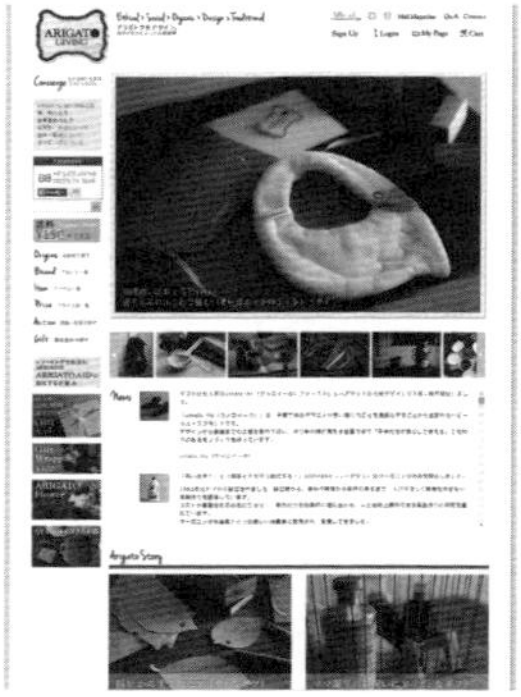

http://www.arigatogiving.com/

福猫屋

http://www.fukuneko-ya.org/index.html

SoooooS.（スース）

http://sooooos.com/

※サイトによっては、すべてが、本書でいうところのソーシャルプロダクツではない場合がある

※SoooooS. のみショッピングモール

にフェアトレードのセレクトショップの一号店がオープンしました。まだまだこれからだと思いますが、そうした店舗の広がりに期待したいものです。

もうひとつは、通信販売やインターネットショッピングを活用することです。通信販売やインターネットショッピングは、一部のシニア層などにはまだ難しいかもしれませんが、場所や時間に関係なく、いつでもどこでも買うことができるので、「身近で買えない」という問題の解決には最も効果的です。ただし、そのためにはソーシャルプロダクツを扱い販売しているサイトが広く認知される必要があります（図表24）。

需要側の問題

先に供給側の問題から見ましたが、需要側の生活者にはどのような問題があるのでしょうか。それはズバリ、商品を購入する際に、品質や価格、デザイン、使い勝手だけでなく、その背景まで理解してモノを選ぶ＝賢く消費する、ということができていないことです。

ソーシャルプロダクツが増えたとしても、その背景まで理解して商品を選ぶ人＝ソーシャルコンシューマーが増えなければ、その普及は望めません。これまで見てきたように、潜在的にソーシャルマインドを持っている生活者は数多くいますが、ある程度の年齢になった生活者の意識を一企業や一団体、一商品が変えるのは容易ではありません。

そうなってくると大事なのは教育です。ソーシャル顕在層・潜在層とソーシャルプロダクツとの距離を縮め、普段の生活の中で普通にソーシャルプルダクツを選択してもらうようにするには、学校教育が大きな役割を果たします。

最近は、APSPとしても大学などの教育現場でお話をさせていただくことが増えていますし、第2章でも触れましたが、中学校や高校でより良い社会づくりに関連する教育が行われはじめています。地道な取り組みですが、環境教育の例を見ても、やはりこれが一番効果的ではないでしょうか。

ソーシャルプロダクツづくりの役割分担

ソーシャルプロダクツの普及を推進するうえでの課題を、供給側と需要側に分けて見てきましたが、実はもうひとつ大きな問題があります。それは、今の日本はソーシャルプロダクツづくりに関する役割分担ができていないということです。

産業として構造化されていないために、個々のプレーヤーが1から10まで行わなければならず、いろいろなところでかなり無理を強いられているのが現状です。

アメリカのオーガニック産業界には関連情報を一括して取りまとめる組織があり、そこにさまざまな情報が集まるようになっています。ですから、栽培でも、加工でも、販売でも、オーガニックのビジネスを始める際、サプライチェーン上でどこの企業・組織にアプローチすればいいのかが具体的にわかります。

このような組織の存在は、参入障壁を低くし、ビジネスのすそ野を広げます。日本にも業界団体のような組織はありますが、同じようなことをしている組織が複数存在し、それぞれが独自に活動していたり、持っている情報に偏りがあったりするのが残念なところです。

もちろん、本来のビジネスにおいては、できるだけ参入障壁を高め、自社が競争優位に立てるようにしなければいけません。しかし、現在の日本のソーシャルプロダクツのマーケット規模では、自社でマーケットを囲い込む前に、関連する企業・団体が一体となってその拡大に努めるほうが効果的です。

ＡＰＳＰとしても、同じベクトルを持った多くの企業と共に、その先頭に立ってマーケット拡大に努めていきたいと思っています。

第5章

ソーシャルプロダクツの可能性

時代の必然として誕生したCSRとCSV

変化とは常に進化を意味しますが、変化する時代には新たな価値観や価値基準が生まれてきます。企業の世界でもまた、企業評価のあり方は大きく変化しています。これまでの企業評価は、売上高や利益あるいは企業規模が焦点となっていましたが、もはや単に大きいというだけでは高い社会的評価を得られなくなりました。

このことをよく示すもののひとつに米ビジネス誌「フォーチュン」が毎年行っている「世界で最も賞賛される企業」(World's Most Admired Companies) ランキングがあります。このランキングにおいて、企業はこれまでGood Company (優良企業)、Excellent Company (超優良企業)、Exciting Company (感動企業) と呼ばれることが勲章でしたが、現在はAdmired Company (賞賛される企業)、あるいはReputation Company (尊敬される企業) という新たな称号が求められています。

「世界で最も賞賛される企業」ランキングは世界の4000人以上の企業エグゼクティヴのアンケート調査から得られた結果で、その評価基準は「有能人材を引き付け、維持する能力」「マネジメントの質」「社会と環境に対する社会的責任」「革新的であるかどうか」「製品あるいはサービスの質」「経営資源の有効活用」「財務状態の健全さ」「長期的な投資価値」「国際的に事業を行う上での有効性」の9項目です。財務の健全性や商品・サービスの品質、マネジメントやマーケティングに関する評価は当然のこととして、近年重視されているのが「社会と環境に対する社会的責任」という言葉に代表されるCSRです。

企業の利益（経済的利益活動）と社会の利益（社会的価値）はトレードオフ（二律背反）とされ、これまでもさまざまな議論がなされてきました。そうした議論にひとつの光明を与えたのが、2011年にマイケル・ポーターとマーク・クラマーが21世紀の経済社会を考えるうえでの新たな概念として提起した「CSV（Creating Shared Value）」です。

CSVは「共有（通）価値創造」という言葉のごとく、社会問題を企業の事業活動と切り離さずに事業戦略と一体のものとして扱い、企業と社会の〝共有（通）価値〟を創造していこうという企業活動です。簡単にいえば、自分たちが培ってきた企業としての本業と能力を基本としながらも、地域・社会と協働することで、企業市民として社会的価値を創造していくということです。

このビジネスモデルは、発展途上国や貧困国でのみ運用されるというものではありません。それは、たとえば東北復興のために貢献したいとする多くの企業や起業家の視野にも入るようなビジネスであり、今後の日本において必要とされる地域再生型ビジネスでもあります。

いずれにせよ、社会性を意識した社会との協調型企業活動の動きは、社会や市場の変化（進化）の中で、時代の必然性として生まれました。その意味で、企業がAdmired Companyあるいは Reputation Companyと呼ばれるためには、企業の積極的かつ本質的なＣＳＲやＣＳＶへの対応が求められることになります。

そしてそれは、変化（進化）する市場や生活者の新たな動きへの必然性のある対応行動ということになるでしょう。また、そうした流れの中で企業が称賛や尊敬を受けるためにも、今後ソーシャルプロダクツは企業活動にとってきわめて重要な戦略テーマとなるでしょう。

21世紀の新たな生活者

ソーシャルコンシューマーの台頭

それでは、企業の評価基準はなぜ変ってきたのでしょうか。それは、社会や市場あるいは生活者の企業を見る目（評価基準）が変わってきたからです。

市場や生活者に活かされる存在である企業の最大の〝ライバル〟は、常に市場や生活者です。その生活者は、２００８年の金融危機以降、世界的規模での経済的変化の影響を色濃く受ける状況の中、これまで以上に正直さ、倫理性、社会との繋がり、共感、説明責任、社会的責任、サステナビリティ（持続可能性）等の価値観を重視するようになりました。特に、金融危機の直撃を受けて社会的大混乱がもたらされたアメリカで、この傾向は顕著に見られます。

一方、日本ではこの金融危機に加えて東日本大震災が起こったことで、社会との繋がり、共感、企業の社会的責任などの新たな意識が、被災者のみならず日本の多くの人々に喚起されました。

そうした中で鮮明になってきたのが、商品・サービスの背景や他への影響まで理解して商品・サービスを選ぶ「社会性消費」です。もともと消費の基本は、個人の欲求を充たすことにあります。それが、東日本大震災以降、自分の欲求を充たすだけでなく、困っている人々を支援するために消費をするという新たな消費（購買）行動が鮮明に見られはじめたのです。

これは自分のためだけの消費（購買）ではなく、他の人や地域のことまでを考えた消費（購買）です。しかも、この消費（購買）行動は、貧しさや生活苦を知っているシニア層だけでなく、若年層の間でも見られます。

また、社会性消費という消費（購買）行動をとる人々＝ソーシャルコンシューマーの行動を注意深く観察すると、彼らが購入しているのは、モノとしての商品・サービスだけではありません。商品・サービスの購買を通じて、その企業が持つ〝姿勢〟や〝あり方〟、あるいは〝考え方（理念）〟をも同時に購入しています。

ここであえて購買とは何かと問えば、それは商品・サービスの持つ機能やデザイン等の特徴という属性と共に、企業を含めて商品・サービスの持つ〝姿勢〟や〝考え方（理念）〟に注目し、関心を持ち、理解し、納得し、感動し、共感し、参加することといえましょう。端的にいえば、良い考え方の企業とその商品・サービスならば応援をしたいということです。

購買の本質的行動のひとつは選択であり、選ばれたもののみが購入されます。まさに購買は選挙の投票と同じで、そこには共感・参加・応援を通じた期待があります。それは視点を変えると、現在目に見えている商品・サービスの評価（〝共感〟と〝参加〟）だけでなく、それを提供（生産）している企業への期待（応援）も同時に含まれているということです。つまり、企業の考え方やあり方は、商品と同じくらいの重みを持つということです。

アメリカではすでに、消費を通じて社会を変えていこうという意識と具体的行動が見られます。欧米には、古くからこうした主体性をもって消費（購買）をする生活者が多数いますが、彼らの一部は自分の考え方に合わない、あるいは社会的正義に反するなどの視点を基に、具体的行動として不買運動を展開することが少なくありません。

たとえば、１９９５年にシェル石油の北海における油田鉄鋼製貯油・積出施設（スパー）の海底投棄では、環境破壊だとして、ＥＵではシェル石油製品の不買運動が起こりました。またドイツでは、サービスステーションが焼打ちにあうという事件さえ起こっています。

日本では、幸か不幸か、近年では顕著な不買運動はほとんど起こっていません。日本の生活者はこれまで大変〝おとなしい〟存在で、消費（購買）行動も比較的受け身の感がありました。しかし、豊かな社会にあって知識と経験を背景に、明確な自分の価値観を持つ人々が増えるにつれて、より鮮明に自分の理念に基づく消費（購買）をすることが予測されます。

その端的な事例が社会性消費です。これをあえていうならば、理念に基づく消費（購買）時代の到来ということができましょう。あるいは、ソーシャルコンシューマーの台頭といってもいいのかもしれません。

社会性という新たなブランド価値

〝異なった顧客は異なった価値を購入〟します。時代や社会あるいは市場がすべてそうなるわけではありませんが、近年、〝意味〟を重視する人々が台頭しつつあります。ソーシャルコンシューマーはその端的な生活者群です。

意味を購入するということは、視点を変えれば、新たなブランド購入ということです。ブランドというと、すぐに高級・高額ブランドをイメージしがちですが、それだけがブランドではありません。しっかりした理念や考え方を持ち、商品・サービスあるいは店舗等を通じて、それが持つ固有の世界、意味（情報）発信をしている企業がブランド企業であり、ブランド商品です。

つまり、ブランド購入は意味の購入ということです。そして、意味は情報であるため、結果的にブランド購入は情報の購入ということになります。ロゴマークやイニシャル、アイコン、あるいは形やデザイン等は、その企業の考え方やあり方、商品・サービスの品質を象徴する情報なのです。そして、この意味の中には「社会性という新たな意味」も含まれています。

皆さんもご存じのように、あらゆるものが類似化している時代や市場において、今日の企業の最大の戦略課題は「脱類似化」です。脱類似化戦略は、言葉を変えれば差別化戦略ですが、その差別化戦略に「社会性という新たな意味」を付加するソーシャルプロダクツは、その戦略行動に有効に貢献できるといえるでしょう。

積極的消費行動の増大

経済的にゆとりのある時代には、ブランドに付随する見かけのステータス性、あるいは見栄や外聞等を求めてブランド購入をする人々が少なくありませんでした（とはいっても、いつの時代にもこうした生活者は必ず存在します）。

しかし、実質的価値や社会性意識の高い賢い生活者は、ブランドの積極的な選択を通じて、自分の理念や生活の美意識を追求し、実現させます。その過程で、彼らは「企業は社会への還元や貢献をしているか」「企業はそれを本気でやろうとしているか」という視点から、消費（購買）を通じて良い企業を応援し、そうでない企業の商品・サービスは購入しないという積極的消費（購買）行動を生み出しています。

こうした積極的消費（購買）行動は、今や消費（購買）を通じてより良い社会をつくっていこうという「社会変革活動」になりつつあります。これは、まさに拡大型社会性消費といってもよいかもしれません。

前述したように、こうした主体性と積極性を持った生活者が存在する欧米では、消費（購買）を通じて社会を変えていこうという動きが鮮明になっています。欧米で起こったことがそのまま日本で展開されるとは限りませんが、社会性消費、ソーシャルコンシューマー、ソーシャルプロダクツ、さらにはソーシャルビジネスという一連の流れは、大きな世界的潮流であることは疑う余地がなく、時代の必然として捉えることができます。

3つのQP

企業に求められる3つのQP

CSRやCSVが強く求められている時代に、企業は少なくとも3つのQPを問われています。それは“Quality of Process”（プロセスの質）、“Quality of People”（人的資質）、“Quality of

Profit”（利益の質）です。

第1のQuality of Processは、企業価値を創造するバリューチェーンや生産・配送・販売におけるサプライチェーンのそれぞれのプロセスにおいて、人や社会、環境に関する配慮の諸条件がクリアされているかどうかであり、まさに企業（経営）の質となります。ちなみに、現在多くの企業がサービス残業を大した問題とは認識していないようですが、これは大変大きな〝人権問題〟です。国際化が進む中で、サービス残業は将来必ず人権問題のひとつとして問題提起されることでしょう。

第2はQuality of Peopleです。今日、企業ではその人的資質アップのための多様な教育・研修・育成プログラムが展開されていますが、その中に単なるビジネス上の個々人の能力やスキルアップのみならず、企業市民として社会性意識を育むプログラムや制度が求められています。

第3は、これらの企業活動の結果としてのQuality of Profitです。つまり企業成長の源泉としての利益に対して、「その利益は上記の事柄をしっかりとクリアして得られた利益ですか」という問いに明快に答えられなければならないということです。

第3章で紹介したベン&ジェリーズのブランドマネージャーは、セミナーで「売上高や利益は当然のことです。わが社の商品・サービスを通じて、社会をどう動かしたかも私の評価になります」と言っていましたが、これは、まさに企業と人財が一体化して社会的行動をとっている事例といえるでしょう。

生活者に求められる最も重要なQP

企業サイドにおける３ＱＰと同時に、生活者サイドにもいくつかのＱＰがあります。その中でも重要なもののひとつが"Quality of Purchase"（購買の質または消費の質）です。人は、それぞれ異なった価値を購入します。価格を重視する人、品質を重視する人、見かけやステータス性を重視する人など、それぞれ自分の価値基準にしたがって消費（購買）行動をします。しかし、そうした中で単なる家計簿の収支バランスだけでなく、購入した商品・サービスの中にソーシャルプロダクツがどの程度入っていたか、あるいは消費（購買）を通じてどれだけ社会に貢献できたか、またそういった意識をもって消費（購買）したか、という新たな社会性価値に準拠した消費（購買）の質が問われるようになるでしょう。

終わりに――ＡＰＳＰからのメッセージ

時代や市場を動かす企業（人）は、常に先見性と強い意志、熱き心をもって行動しています。それが社会や人のためになるビジネスだからということもさることながら、自らがただそうしたいからという、いうなれば単純にして純粋な意思で行動されている方も少なからずいます。

しかし、起業することは資金面もさることながら、商品・サービスづくり、販売と、大変な労力を必要とします。加えて、マネジメントやマーケティング等の企業運営のための諸能力も求められます。そのため、その純粋にして熱き心をうまく商品・サービス等の企業活動に結びつけることに苦慮している企業（人）も少なくありません。前章でソーシャルプロダクツのマーケティング戦略の視点に紙面を割いたのもそのためです。

ＡＰＳＰは、こうした純粋でかつ社会に熱き心を持つ人たちや企業の応援・支援をしていきたいという意志と目的で、２０１２年に設立されました。

先に指摘したごとく、社会や企業あるいは生活者の動向を背景にして、ソーシャルプロダクツには必然性があります。すでにその重要性を認識されて果敢に行動されている人々や企業が、ソーシャルプロダクツを社会に発信しています。われわれはそうした人々や企業と熱き心を共有し、その応援・支援をすべきだという認識をもっています。

時代は常に熱き心を待っています。ぜひ私たちと共に、人を幸せにする商品・サービスを世の中に広げていきましょう。

[著者プロフィール]

中間 大維 （なかま・だいすけ）

一般社団法人ソーシャルプロダクツ普及推進協会
専務理事／事務局長
株式会社ヤラカス舘 SoooooS.（スース）カンパニー長

東京大学大学院修了。花王株式会社にマーケティング職で入社し、商品開発やブランドマネジメント等に従事する。その後、起業を経て、（一社）ソーシャルプロダクツ普及推進協会を設立。

現在、同協会の専務理事兼事務局長としてソーシャルプロダクツの普及活動を推進するとともに、株式会社ヤラカス舘が運営するソーシャルプロダクツ専門のショッピング・情報サイト『SoooooS.（スース）』の事業責任者を務める。

旅が好きで、現在までに中南米やアフリカを中心に30カ国を訪問。そこで目の当たりにした社会的課題に対して、自分なりに取り組むことを人生のテーマの一つとする。

[監修者プロフィール]

江口 泰広 （えぐち・やすひろ）

一般社団法人ソーシャルプロダクツ普及推進協会 会長
学習院女子大学 名誉教授
また、Fisher College（Boston,USA）名誉理事、日本フードサービス学会会長、一般社団法人フードコンシャスネス研究所所長、福島学院監事など、役職多数。

学習院大学経済学部卒業後、ロータリー財団大学院奨学生として北テキサス州立大学及びボストン大学経営大学院（MBA）に留学。専門はマーケティング戦略。

財団法人流通経済研究所、財団法人日本総合研究所主任研究員として勤務するかたわら、立教大学講師、学習院大学講師を務める。駿河台大学経済学部教授を経て、1998年に学習院女子大学創設とともに国際文化交流学部教授に就任。2015年に学習院女子大学名誉教授（学習院安倍賞〈学術賞〉受賞）。

著書に『マーケティングのことが面白いほどわかる本』（中経出版、2010年）、『マーケティングの英語』（ノヴァ、2002年）、『IT革命で変わる新しいマーケティング入門』（中経出版、2000年）、訳書に『奇跡のセールス物語』（共訳、ハワード・スチーブンス＆ジェフ・コックス著、日本経済新聞社、1993年）ほか多数。

その商品は人を幸せにするか
ソーシャルプロダクツのすべて

2016年1月15日 第1刷発行

◉著　者　中間 大維
◉監　修　江口 泰広
◉発行者　上坂 伸一
◉発行所　株式会社ファーストプレス
〒105-0003 東京都港区西新橋 1-2-9
電話 03-5302-2501(代表)
http://www.firstpress.co.jp

装丁・DTP◉オムジグラフィコ
印刷・製本◉高千穂印刷株式会社
編集担当◉中島万寿代

ISBN 978-4-904336-90-8